THE 12 WEEK YEAR
Get More Done in 12 Weeks than Others Do in 12 Months

超高效时间管理
用12周完成12月的工作

[美] 布莱恩·P. 莫兰（Brian P. Moran）
[美] 迈克·莱宁顿（Michael Lennington）—— 著

刘燕——译

清华大学出版社
北京

Brian P. Moran, Michael Lennington

The 12 Week Year: Get More Done in 12 Weeks than Others Do in 12 Months

EISBN: 978-1-118-50923-4

北京市版权局著作权合同登记号　图字：01-2018-5177

本书封面贴有 Wiley 公司防伪标签，无标签者不得销售。

版权所有，侵权必究。举报：010-62782989，beiqinquan@tup.tsinghua.edu.cn。

图书在版编目(CIP)数据

超高效时间管理：用12周完成12月的工作 / (美)布莱恩·P. 莫兰 (Brian P. Moran), (美) 迈克·莱宁顿 (Michael Lennington) 著；刘燕译.—北京：清华大学出版社，2019（2025.7 重印）（新时代·职场新技能）

书名原文：The 12 Week Year: Get More Done in 12 Weeks than Others Do in 12 Months

ISBN 978-7-302-53098-5

Ⅰ.①超…　Ⅱ.①布…②迈…③刘…　Ⅲ.①时间－管理－通俗读物　Ⅳ.①C935-49

中国版本图书馆 CIP 数据核字（2019）第 100771 号

责任编辑：刘　洋
封面设计：徐　超
版式设计：方加青
责任校对：王荣静
责任印制：宋　林

出版发行：清华大学出版社
　　网　　址：https://www.tup.com.cn, https://www.wqxuetang.com
　　地　　址：北京清华大学学研大厦 A 座　　　　邮　编：100084
　　社 总 机：010-83470000　　　　　　　　　　邮　购：010-62786544
　　投稿与读者服务：010-62776969，c-service@tup.tsinghua.edu.cn
　　质 量 反 馈：010-62772015，zhiliang@tup.tsinghua.edu.cn
印 装 者：三河市东方印刷有限公司
经　　销：全国新华书店
开　　本：148mm×210mm　　　　印　张：8.125　　字　数：123 千字
版　　次：2019 年 9 月第 1 版　　印　次：2025 年 7 月第15次印刷
定　　价：59.00 元

产品编号：081269-01

内容简介

    本书是一本超高效管理时间的指南，能教会读者怎样将计划执行周期从 12 个月缩短至 12 周。

    大多数企业和个人通常都以 12 个月作为一个执行周期来制订年度目标和年度计划，而本书将"一年"重新定义为 12 周，打破"年度"思维模式，避免工作中的低效率。在仅有 12 周的"一年"中，人们没有满足现状，而进入紧张工作的时间。本书教会读者正确理解当下最紧要的事务，利用想要立即完成事务的紧迫感来达成目标。按照本书中的方法去做，你会发现你能够完成更多的重要事务，最终实现总体目标。

    本书作者拥有多年管理经验，均为执行力专家，能够给予渴求提升执行力的企业或个人有效的方法指导。

名人推荐

时间是阻挡人类发展的最大障碍。《超高效时间管理：用 12 周完成 12 月的工作》教会人们如何提高效率、增加产出，获得更好的回报。成功取决于执行速度，布莱恩和迈克将帮助你赢得这场比赛。

——乔希·林克纳，《纽约时报》畅销书《创意五把刀》作者

布莱恩和迈克认为责任感可以改变局势。如果我们都能明白自由选择是承担责任的基础，那将会赋予"责任感"全新的意义。

——卡莉·雷斯勒、乔蒂·汤普森，《为何管理使人不快及如何解决》作者

运用"用 12 周完成 12 月的工作"体系是我个人生

活和职业生涯最棒的体验！

————维丘·赫尔南德斯，林克集团董事长

我喜欢这本书是因为它能够帮你取得更大的成就！思想通常都是伟大的——这本书充满了伟大的想法——但是如果你不付诸行动，一切都是空谈。多年以来我一直向我的客户推荐布莱恩和迈克的这套体系。为什么呢？因为它真的有用！

————比尔·凯茨，《转介绍之外》作者

《超高效时间管理：用12周完成12月的工作》是我目前遇到的最实用的一本书！如果你认真阅读、学习本书，承诺付诸行动——你的事业和生活都将改变。

————詹姆斯·休梅克，休梅克集团CEO

布莱恩和迈克拥有二十多年的经商经验，在指导别人、记录和谈到做生意的时候，他们发现日复一日的坚持才是成功之路上最难的部分。在这本书中布莱恩和迈克强调了坚持采取行动的重要性。

————迪克·克罗斯，《开始经商吧》作者

《超高效时间管理：用 12 周完成 12 月的工作》是我读过的最好的工具书之一。相信它对你也会奏效！

——杰克·科拉苏拉，美国 WJR 广播电台《一切皆有可能》节目主持人

如果你想在个人生活和事业上都收获成功，《超高效时间管理：用 12 周完成 12 月的工作》是你的必读书。它不仅在职业发展上提供了很多非常棒的建议，还会分步骤指导你应该如何去做。

——罗伯特·法希米，美国万通旧金山公司董事长兼 CEO

有两件事彻底改变了我的职业生涯，其中一件就是运用"超高效时间管理：用 12 周完成 12 月的工作"体系。它给我们公司带来了彻头彻尾的改变。

——格雷戈里·A. 麦克罗伯茨，西点集团合伙人

《超高效时间管理：用 12 周完成 12 月的工作》太棒了！在工作中我是作者、演讲者、创业者，在生活中我是一个丈夫和四个孩子的父亲，我只需要遵循一个简

单的策略就能够持续执行我的计划！不要再错过这个体系，让新的一年再次溜走。它会改变你的生活，让梦想照进现实！

——帕特里克·凯利，全国畅销书《免税退休》作者

本书中高效能的准则和规范会改变你的个人和职业发展，让你有一种想要尽快完成事务的紧迫感。

——哈里斯·S.菲什曼，第一金控集团董事长

布莱恩和迈克的这套体系非常有激励作用。有的时候我们在生活中会遇到各种阻碍，但是从长远看，你当下的行动能够带来极大的好处，将使你不再辜负自己和别人的期望。无论你想在事业上还是个人生活上有所提升，一定要阅读本书的训练和计划部分的内容。

——迈克尔·维苏威，翡翠理财董事长

译者序

在日常生活、学习和工作中，我们经常会遇到时间安排不合理导致的工作效率不甚高、学习效果不甚好的问题，为此，我们会产生焦虑、紧张和不安。而在对《超高效时间管理：用12周完成12月的工作》字字句句翻译的过程中，我深刻体会到这本书的价值和突破所在。我以为，其最大的价值在于切实有效的方法在现实生活中的可行性。首先，将"一年"重新定义为12周，在仅仅12周的"一年"中，人们没有满足现状的时间和机会。本书教会我们正确理解当下最紧要的事务，利用想要立即完成事务的紧迫感来达成目标。其次，本书并非纯粹的理论研究，在应用到成百上千的公司和职员的培训中之后，得到了实践的检验和支持。而且在本书中，作者将简单的道理清晰地呈现，帮助我们取得更大的成就。最后，本书通过核心概念的介绍和综合方法的运用来教会我们在实践中运用所阐述的理念。因此，本书的价值在于其极强的实用性和可操作性。

我在翻译过程中，深觉获益良多。我从中学到厘清、聚焦紧要事务以及怎样运用恰当的紧迫感来完成紧要事务，从而更好地掌控自己的生活，提升学习工作效果，平衡生活中的紧要事务，减轻压力，在预计时间内完成目标。读者们，让我们来一起走近《超高效时间管理：用12周完成12月的工作》，希望你也同我一样，通过接触本书中的概念和方法，收获启发和鼓舞，提高生命的效率，实现方方面面的提升和改观！

目 录

第 1 部分　核心概念

第 2 部分　将理论和实践紧密结合

第 1 部分
核 心 概 念

第 1 部分将从深入的层面、新鲜的角度来认识你已经了解的知识，挑战你已有的认知，并使你能够极致地发挥自己的潜能并取得最好的成绩。

意识到这些知识的重要性才是学习真正的开始。

——约翰·武登

第1章

直 面 挑 战

　　为什么有的人能够做得格外出色而大多数人却望尘莫及呢？假设我们能开发我们全部的潜能，那么我们会是什么样子？如果我们每天都能做到发挥我们全部的潜能，那我们的生活会发生什么样的改变？如果我们每天都做到极致，而且我们坚持半年、三年、五年以后，我们的生活会有何不同？

　　这一系列的问题和它涉及的核心观念，是我和迈克在过去大约 12 年里所关注的焦点问题。这些年我们一直致力于帮助我们的客户实现更高效的执行力。我们的客户中有个人、团体和企业，我们一起制定方案来帮助他们实现发展目标。我们旨在揭示个人和组织如何把能力发挥到极致，从而过上我们的能力可以带我们达到的生活。

> 如果我们能做完所有在我们能力之内的事，就连我们自己也会感到震惊。
>
> ——托马斯·爱迪生

我非常赞同《艺术之战》一书的作者史蒂文·普雷斯菲尔德的观点：我们大多数人过着两种生活，一种是我们现在正在经历的生活；另一种是我们的能力本应带我们去实现的生活。后者是真正吸引我的一种生活，而且我相信这种生活藏于我们内心深处的角落，是大家内心深处的渴望。如果我们是那种追求安稳、喜欢拖延或者寡断多疑的人，那么我们就实现不了这样的生活。但是如果我们在一个很理想的最佳状态下，并且自信、健康，那么我们可以实现我们潜能的最大化，过上与现状截然不同的生活，那是一种更有意义的生活。

做最好的自己这种说法听起来难道不是很棒吗？但是我们如何才能成为那个优秀的我们呢？我们需要做些什么呢？这个问题很有意思。我有幸周游各地，也结识了成千上万的人。我有时会问他们："该如何变得更优秀？"你们可能已经猜到了，我得到了各种各样的答案。

在此书中，我们会向大家展示如何在短时间内，把我们现在的成果提升四倍或者更多；在本书中，我们将会学到究竟要靠什么来将我们每天的潜力开发到最大化；在本书中，我们会揭晓那些优秀人才的秘密，让我们从思维到行为全部完成最惊人的转变。我们还会知道在我们的生活里或者在公司里创造伟大的事情并不复杂。但是，我们如是说并非意味着创造伟大可以轻而易举。

影响一个人是否能够成就伟大的首要因素并非缺少知识、才智或者信息，也并非缺少规划、观念、一个更大的社交网络，也不是缺少努力、天赋和运气。虽然以上这些都起一定作用，但它们并不是起决定作用的因素。

我们一定听说过"知识就是力量"，我对此并不认同，因为知识只有当我们利用它的时候它才能成就力量。人们花了一辈子的时间去学知识，但是又是出于什么目的呢？知识本身并不会造福人们，只有当我们用它去完成事情时它才会真正让我们受益。所以，如果好点子不被实施也就毫无价值，而市场回馈的也仅是那些被实施过的点子。我们可能很聪明、无所不知、足智多谋，我们可能人际关系好，工作努力，又有天赋，可是最终我们还是要去执行我们脑子中所有的想法。所以，执行力是市场中判断结果的唯一标准。优秀的公司或个人都能比竞争对手在执行环节胜出一筹。那么，存在于我们生活现状和我们理想的能力所能带领我们达到的生活状态之间的障碍就是我们是否能够持续地付出和执行。因此，有效的执行才是胜利的关键，借此我们才能实现理想。

我们回忆一下人生中那些不尽如人意的事，我们完成任务总比预想的要少，或者说比我们本应该能完成的少。如果我们能够批判地去看一看，失败大多因为执行环节的纰漏所致。例如，一个已被实践证明过的想法，换一个人去重新执行，那他一定会成功吗？

我们有一个客户来自一家大型保险公司，他拥有2000多名代理。其中有一位代理多年保持着最佳业务员称号。如我们所料，这些年，有不少代理也向他讨教经验。而这位代理也每每不厌其烦，毫无保留地给他们悉心分享成功的原因。让我们猜测一下，有多少人成功复制了他的成功？结果可能已被猜中：没有一人。所以，他现在拒绝给他人分享他的成功秘诀，因为没有人能复制他所传授的秘诀。

如今，65% 的美国人都超重或患有肥胖症。减肥健身是年创收 600 亿美元的行业。现在大家认为减肥、保持健康有无秘诀呢？另外，每年有数不清的新书出版，呼吁人们节食减肥。我在网上搜索"减肥图书"，会检索到 45915 条结果。在这将近 46000 本书中，有些书的名字直击主题，如《阿特金斯减肥法与南滩瘦身法》；有的名字稍微委婉隐晦，如《脂肪走开！》。即便有如此多的书籍，美国人民超重、肥胖的问题仍然十分突出。大多数人都知道该怎么瘦身——吃的健康些、运动更多点——但问题是他们不能按书中所讲去执行。所以，问题不是要大家知道如何去做，而是帮助大家具体如何执行。

经验告诉我们，大多数人只要能利用现有的知识、手艺坚持不懈地努力，他们就有能力拥有比现在高两倍或三倍的收入。但是，因为人们总是想着追求新方法，认为下一个主意是最好的，所以没有坚持不懈于一件事。

安·劳夫曼的例子为我们完美诠释了落实好一个好主意会带来的益处。安是美国休斯顿万通保险的一位金融顾问，她一贯工作十分出色，但是她觉得自己理应做得更好，但不确定应该如何改善。直到公司一位管理人员给大家推荐了《超高效时间管理：用 12 周完成 12 月的工作》这本书，安看了这本书并且按照书里所讲去执行。最后，她的工作业绩提高了400%，而且她成为公司103年以来第一位女性合伙人。

在安这个例子里，她与绝大多数想提升业绩的金融顾问们不同，她没有去找更有钱的客户，没有去策划更大规模的案子，也没有去拓展目标市场，她做的就是稳定持续地做好现有的工作，集中精力提高自己的执行力。这样保证了她可以持续做好她的工作，贯彻她的策略。长此以往，她取得了巨大的成功，而且在这整个过程中，她并没有需要付出比以往更多的时间。

安的例子并不是特例。我们有成千上万的例子，无论是个人还是企业，他们在学习了执行环节后都取得了令人满意的成绩。

> 最重要的不是我们知道什么，甚至也不是我们是谁，而是我们执行了什么。

《超高效时间管理：用12周完成12月的工作》将会告诉我们如何开发我们的潜能，通过高效执行实现我们人生中的重要目标。接下来要谈论的绝大部分内容可能你们已经猜到。正如我之前所说，知道和执行是两码事。我们这里要教会大家的是做到坚持不懈地做好一件事，这才是成功的关键。

本书的理念已经过客户们的持续实践并得到了完善和发展。我们将无用的内容剔除，保留了最有效的精髓。所以本书简洁明了，却铿锵有力。我们希望本书能引发思考，但我们更希望它能促进我们将所学运用于实际当中。

撰写此书旨在缩短想法和执行之间的距离，旨在让读者理解执行的基本概念及如何行之有效地在实际中运用这些理解。

本书大体分为两部分。第一部分将帮助我们理解如何在短短 12 周的时间里实现我们的奋斗目标，第二部分将通过具体建议和方案教我们如何实现第一部分讲述的过程。

本书的 12 周执行系统具备灵活性和兼容性。无论个人还是团体，专业组织与否，本书都非常适用。我们已经见证了许多个体和组织在《超高效时间管理：用 12 周完成 12 月的工作》的指导下纷纷收获了成功。

本书的特色在于言简意赅，效果强大。通过运用本书的内容，我们的学业、事业都会得到惊人的改善。我们之所以这么说，是因为本书第一版出版后我们已经收到了上万名读者的来信，他们帮我们证明了此书的价值。

本书将教会我们如何大幅提升我们的成绩、业绩，减少压力，塑造自信，以及如何提升自我满足感。本书教会我们的并非更卖力地工作，而是要更专注于最重要的事情，要有一种必须把任务完成、完成好的紧迫感，还要放弃那些对我们来说意义并不大的活动。

大家准备好了吗？我们现在开始"用 12 周完成 12 月的工作"的体验吧！

——布莱恩·P. 莫兰，迈克·莱宁顿

第2章

重新定义"一年"

大多数人和组织并不缺乏好的创意。他们不仅能提出最有效的市场运营手段、营销策略、成本削减方案和售后改善措施，而且想出来的创意永远比真正有效实施的创意要多。可见，限制发展的因素不在于知识，而在于对知识的运用。

> 名声并非建立于空有打算的未竟事业上。
>
> ——亨利·福特

一个限制个人和组织突破自身发展的障碍就是年度计划的设立和开展。这听上去可能有点奇怪，但是它真的会影响到个人和团体实现更优的表现。我当然不是否定年度计划本身，它有自己积极的作用，有年度计划总比没有好。但是，实行年度计划本身存在很大的局限性。

我们过去多年一直服务于我们的客户，从他们身上我们发现了一个很有意思的现象。其中的绝大多数人，有意识或无意识地都相信他们的成功或失败要用他们在某一年里取得的成绩来衡量。他们设定年度目标、打造年度计划，然后在具体的事项里又将其划分为季度计划、月计划，甚至有时还有周计划，但是最终他们还是会以一年作为单位来衡量他们的成绩。这个现象被我们总结为年度化思维陷阱。

1. 摒弃年度化思维

年度化思维的核心是大家默认的一个信念，即一年中总有足够的时间来实现自己的目标。例如，总觉得现在才 1 月，12 月还远得很。

试想一下，我们新年伊始制定了宏大的愿景，到了1 月底我们通常就会发现自己离原本设定的目标已经有些差距了，虽然我们会感到失望，但是我们也不会过度担心，我们会告诉自己："没关系，我有的是时间，我还有 11 个月的时间补上该做的事。"到了 3 月底，我们依然稍稍落后于进度，但我们还是不够着急。为什么呢？因为我们还是想着我们有很多的时间来赶上。这种思维模式会一直持续到年底。

我们错误地以为我们会有很多时间，所以相应地我们就不紧不慢地做事。我们没有紧迫感，意识不到每周、每天甚至每分每秒的重要性。但从根本上来看，有效地办公就是由每天、每周的具体实践决定的。

关于年度化思维的另外一个错误概念就是我们相信到了每年的后半段，我们会收获实质性的突破。这样就好像每到了 9 月、10 月会有奇迹发生，我们的项目或目标到了此时突然就会有突飞猛进的进展。假设我们现在这周不去做出实质性的进步，那么我们如何能指望接下来的一年里我们会做出改变呢？

真相就是每周都很重要！每天、每个时刻都要利用好！我们应该意识到我们的执行力不在于每月、每个季度，应当把每周、每天的业绩都进行考量。

年度化思维和计划多半并不会激发出我们的完美表现。想要做到最好，我们必须跳出年度化的思维模式，不要以一年作为一个执行周期，而要去重视每个更短的时间段。

这种年度化执行周期使人们忽视了一个重要事实：生活是每个当下的瞬间，最后的成功是因为先前每个时刻不懈的努力。而年度化思维误导人们，让他们以为那些重要的事项可以推迟，之后仍然可以完成原有的计划。

那么到这里我们可能会说，几乎所有的企业、组织都在用年度化模式进行运作，并且其中不少企业能完成他们的指标。但是我要反驳的是，他们完成的那些项目并非是他们所能办到的最好的结果。

我们见证了一些成功的企业，他们在短短12周的时间里将业绩提升了50%。我们曾帮助一家业绩达10亿美元的经纪公司在半年的时间里将销量翻了一倍。如果按照年度化周期去执行，这些根本不可能实现。如果企业和个人能跳脱这种年周期模式，那么他们将会取得更好的成绩。

摒弃年度化思维模式，然后看看会发生什么。

2. 年末努力群体

每到年末将至的时候，我们可能就会开始看到或者听到广告上在宣传某个年度最佳产品、活动等。事实就是，到了这时人们才不得已开始下定决心完成应该完成的项目。很多企业都喜欢做这种事。

如果我们也曾是年末努力群体，我们应该很清楚这类人就是到了年末才开始着急做事，想着完成那些重要的项目，好像一年到头成功与否就看最后的 60 天。所以往往眼看着年末余下的日子所剩无几，这才下定决心拼命推进项目，成果当然也就突飞猛进。

> 最后期限是第一生产力。

在保险业和金融服务行业里面，这个现象普遍存在。对很多经理人和公司来说，12 月历来就是最佳业绩月，第四季度的销量占全年销量比例高达 30% ～ 40%。人们在截止日期前的执行力是十分惊人的。

在大多数行业里，年终的确是一个高产期。各项活动都在进行，注意力都开始高度集中。目标明确，没有时间可以用来浪费，职员们全都集中精力完成那些重要的项目。那些相对不重要的事项就会被搁置，但其实它们在短期内来看也是很重要的。

每年这个时候似乎会涌现大量与绩效表现相关的谈话。管理层因为关心他们的目标绩效，所以会拿出比以往更多的时间来跟员工一起审核他们的工作成果，并且给予他们比以往任何时候更多的鼓励。

所以年底到底有什么力量呢？为什么人们在 11 月和 12 月的表现与 7 月和 8 月的表现相去甚远？这必然是因为年底有一个截止日期，对大多数人来说也就是 12 月 31 日。

年终是一个分界点，它衡量着我们这一年是成功还是失败。尽管这是一个任意的截止日期，但是每个人都认同它，因为这个截止日期能够让大家产生紧迫感。

无论是出于自我还是公司施加的压力，到了 11 月和 12 月，人人都得要开始下决心完成该做的事。在这个时候，人们拖延症都会减轻许多。因为认识到时间已经所剩不多，人们也开始解决他们在一年里早些时候避掉的麻烦任务。在剩余的日子里，强烈的紧迫感取代了之前的闲散和自由。大家全力以赴，想要在年底之前完成任务，非常强烈地希望能在年终到来前跨过终点线。

此外，伴随着新的一年的期待，还有一种令人兴奋的感觉。无论我们今年表现如何，对来年我们总是充满希望，觉得明年一定会比今年好。如果我们今年不顺，那么来年会为我们提供一个重新开始的机会。如果今年成果颇丰，那么来年我们将会继续扩大我们的成就。无论哪种情况，新的一年总是希望满满、好运不断的。

年末是一个既让人兴奋又高产的时节，年末最后的那五六周是一年中最亢奋的时节。在这段时间里，人们狂热、急迫地想要告别今年，热情地开启新的一年。问题是，这种热情只能停留几个星期。假如我们能在全年的每一周都保持这种能量、专注和信念，那岂不是很厉害？实际上，我们可以的！《超高效时间管理：用12周完成12月的工作》和分期的概念将会告诉我们如何实现它。

3. 学会分期

分期的概念始于一项运动训练技术，它旨在显著提高运动员们的表现。它的原理是集中于专项技能的超负荷训练。体育领域的周期训练是一种集中的训练方式，即在一段有限的时间内，通常是 4～6 周，集中地对某一项技能开展训练。每 4～6 周后，运动员按顺序开始下一个技能的训练。通过这种周期方法，每种技能都能得到最大化的训练。20世纪70年代，东欧运动员首次将该训练方法应用到奥运会训练当中。目前，周期训练仍被各类训练方案采用。

> 每日重复坚持的事情造就了我们。优秀不是一种行为，而是一种习惯。
>
> ——亚里士多德

我们意识到了分期对于我们的客户和我们自己的实践来说是多么重要，因此我们采用分期的方法来帮助个人和企业实现成功。我们开发了一种为期12周的周期划分方法，这种方法不是简单的训练，而是致力于找到帮助大家提高收入、完善生活的关键因素。《超高效时间管理：用12周完成12月的工作》为我们揭示了我们当下该做的事，相信凭此我们一定可以实现我们的长期目标。

《超高效时间管理：用12周完成12月的工作》揭示了一个条理有序的工作方法，从根本上改变了我们的思考模式和行为方式。我们要知道，我们所取得的成果是我们所采取行动的直接副产品；相应地，我们的行为也是我们潜在思考的表现（见图2.1）。所以，最后其实还是我们的想法决定了我们的成果，我们的想法决定了我们的人生会有什么样的经历。

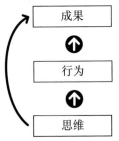

图 2.1　我们的成果是我们思维的体现

长远来看，我们的行为始终与我们的想法相一致。当我们想着改变行为时，我们会逐渐收获我们的进步。然而，当我们的思维发生变化时，一切都会发生变化，我们的行为自然会重新去适应我们的新思维模式。这就解释了一些突破性进展是如何发生的。突破性进展并不是始于行为，而是先产生于我们的头脑中。这也就是《超高效时间管理：用12周完成12月的工作》一书的力量之所在，它旨在改变我们的思维方式，从而我们就有了机会来实现新的突破。

结果就是我们会开始觉得着急，会更专注于完成少量重要的事情，那些真正能让我们成功、充实的活动，会让我们每天坚持执行必做的事项以实现长期的目标。《超高效时间管理：用 12 周完成 12 月的工作》为个人和企业实现最优业绩提供了必备的方案与重点，它清楚地指明了最重要的观点和完成每日必做之事的重要性。另外，它还强调了只有把握当下，完成必做之事，才会有持续的成果。

4. 把12周视作一年

忘记"年"的概念。到现在为止，我们可以看清年度化思维的陷阱了吧。让我们重新定义一年：一年不再是 12 个月，现在一年就只有 12 周。是的，一年现在就是一个包含 12 周的时间段。一年也不划分成四个季节，那些都是旧思维模式。现在，一年就是 12 周，接下来一年是新的 12 周，如此循环往复。每 12 周时间都是独立的——每个 12 周都是我们的"一年"。

设想一下，"用 12 周完成 12 月的工作"可能的结果是什么。我们每到了 12 月的那种紧张、兴奋、专注现在可以持续下去了。原来每 12 个月带给我们一次的年终驱动力现在时刻都能感受到。人们在 11 月、12 月做事开始大有转变是因为他们知道 12 月 31 日会来临，他们的成果会接受审核。本书前面提到过，12 月 31 日本身只是一年里任意的一天，但是自从它被定为一年之末，人们就会视它为审视、评估一年成绩的时机。这普通的一天因为我们赋予它的使命而变得无比重要。我们有的客户他们一年的财政年度截止时间是 6 月 30 日，并且他们的业绩在 6 月会经历一次大幅上涨，这是因为他们努力想要强势收尾这一年的工作。这个日期在很大程度上是不确定的，重要的是有这么一个时间点来结束这场游戏并宣告成功或失败。

《超高效时间管理：用 12 周完成 12 月的工作》为评估我们的成功（或者失误）提供了一个新的收尾期。"用 12 周完成 12 月的工作"的一大好处就是截止日期并非遥不可及，我们不可能忽视它的存在。12 周这个时间范围足够长，可以保证任务的完成；但它又足够短，可以产生紧迫感和驱动力。当截止日期临近时，人们天性使然，会做出不同的反应。因此，我们应当改善拖延，减少或消除偷懒怠工，更加关注重要的事情。

《超高效时间管理：用 12 周完成 12 月的工作》也

要求我们去直面我们执行力不足的时刻。毕竟，如果我们一年只有 12 周，我们能拿出几周来消极怠工？因为我们顶多可以挥霍一两周，其余每周里的每一天都会变得更加重要。

"用 12 周完成 12 月的工作"使得我们要注重每周，甚至每天的工作执行情况。想象到一年里再也没有余下那么多天来挥霍，我们就再也不会奢侈地推迟那些重要的事项了。高效率执行不是依靠半年制、季度制或月制的周期划分来实现的，而在于每日、每时每刻的坚持。"用 12 周完成 12 月的工作"更能让人们直面现实。

另外，我们现在可以预想到以我们"用 12 周完成 12 月的工作"会有什么样的结果。在之前，如果一个人给自己制定了年度延伸目标，那么如果到了第三季度发现目标无法完成，就会产生一种目标未竟的失落感。一些个人和团体在 10 月到来之前就想着放弃并不罕见。但如今按照 12 周作一年的分期方法，这种现象就不会出现了。因为每 12 周我们都会有一个新的开始——新的一年！所以即便我们经历了一个非常难熬的 12 周，那么挥挥手，整装待发，迎接一个新的开始；假如我们这个 12 周非常得意，那么我们可以继续乘风而上。无论如何，每 12 周都是一个新的开始。

> **用 12 周完成 12 月的工作真的能带来巨大改变！**

我们还是可以根据日历年的传统，在"用 12 周完成 12 月的工作"的年底好好地休息放松、庆祝，然后重新蓄势待发。它可以是为期三天的周末，也可以是一周长的假期，重要的是我们要利用这个时间去反思，重新整理自己，给自己充电。渴望成功的人总是望向前方，不会过度留恋既有的成就。"用 12 周完成 12 月的工作"的方法让我们至少有四倍多的机会去欣赏、庆祝我们的进步和收获。

坚持"用 12 周完成 12 月的工作"，将会帮助我们避免拖到终止时刻再努力，并且确保我们每周都过得异常高效！

第 3 章

建立情感联结

想要实现有效的执行并不复杂，但这个过程也并不轻松。事实上，大多数的个人和公司都觉得这一点很难。我们在执行计划的时候总会需要采取新的行动，而这些新的行动常常会引发我们的不适感。

当面临难度很大的任务时，采取行动需要的短期成本似乎远远超过了实现这个项目能带来的长期利益。因此，个人和整个团队在此时会经常选择放弃目标，从而最终放弃了整个计划。我们从经验中发现，想要成功执行一个目标计划，就必须能在可预见的成果中找到自己的感情联结。

如果没有一个令人信服的理由，大多数人都会选择轻松的任务来做，而不是去选难度很大的。但问题是，一般情况下重要的任务通常是较难完成的。经验告诉我们，为了完成计划、开发潜能，以及能成为一个更优秀的人，首先需要牺牲的就是我们的安逸。发挥我们最大潜力的秘诀就是视那些重要的事情高于自己的安逸。因此，保证良好执行力的第一步，也是最重要的一步，就是创造并保持一个未来愿景，这个愿景必须对我们极具吸引力，而且其重要性也要远远超过我们对短期安逸的渴求，它会让我们调整自己的短期目标和计划，使其与我们的长期目标相匹配。

请思考一下，我们真正想要达到什么目标？想给后人留下什么？想为自己和家人做些什么？在精神上寻求什么？想要哪种等级的安全感？想从我们的事业中获得多少收入和成就？希望自己培养什么兴趣？最想用宝贵的时间来做些什么？

如果想取得更好的发展，收获新的成绩，成为更优秀的人，我们就需要想象一个能够强烈吸引我们的未来的画面。如果我们想取得更大的进步，那就需要想象出一个深深吸引我们的更大的目标。否则，我们会发现，未来将没有理由支撑自己来承受做出改变时所带来的痛苦。

> 在每一个看似不可能的成就背后，都有一个梦想家，做着不可能的梦。
>
> ——罗伯特·K.格林里夫

构筑愿景是我们实现卓越的第一步。首先，我们要在头脑中设想好目标，然后身体力行地将其实现。想法永远会先于行动，这整个过程里的障碍并非实践部分，而是规划部分。当我们思考可以成就一番什么样的生活时，我们就是在构筑自己的愿景。

我们必须清楚自己想要成就的是怎样的生活。大多数人主要关注他们的事业发展，但工作只是生活的一部分。我们的生活和工作发展密切相关，美好的生活是工作的动力。所以我们首先要设想好自己的愿景，设想好未来的样子。宏大的愿景构筑好之后，我们就可以投入事业，以个人愿景为导向，我们就可以构建自己的事业蓝图了。设想的愿景越吸引我们，努力的劲头就会越足。所以愿景会在情感上督促我们，为了愿景得以实现，在工作领域我们就要做好日常任务。

强烈的个人愿景会激发人的热情。设想一下那些让我们激情澎湃的事物，对它们我们永远都有着清晰的想法。如果我们发现我们对事业或者一段关系失去了激情，那么并不是激情本身的问题，而是你的愿景出了差错。我们将会展示如何构筑一个能够吸引你的个人愿景及一个能与个人愿景紧密关联、相互促进的工作愿景。

> 我一生都想做出些成绩。现在我知道我的目标应该更加明确。
>
> ——莉莉·汤姆林

我们首先要树立个人理想。这个理想要清楚地囊括理想世界的方方面面：精神世界、人际关系、家庭关系、收入水平、生活方式、健康水平和街坊邻里等，这个理想是我们目标事业的情感基石。因此，我们事业上的追求和生活上的追求密不可分。

若我们的事业发展目标是基于个人愿景，那么执行起来会很有动力。很多人在遇到困难时之所以选择放弃，是因为他们在这个艰难的任务背后看不到这和他们的个人生活有什么联系。

即使工作目标本身并没有携带失败的属性，它们依然可以叫停我们的实践。在企业里经常出现的事情就是，很多经理和员工想要追求成功，但他们并没有做到把工作目标与真正能引领他们走向成功的能量源——个人愿景——相结合，也就是说，个人愿景才是我们工作的首要动因。

一旦我们真正了解了个人愿景和取得事业成就间的关系，我们就能清楚地知道想要满足我们的宏观愿望，我们应该在工作中付出多大的努力、赚多少的收入。

我们对生活的美好愿景就是一种情感纽带，它支持着你克服困难，完成任务。当我们觉得任务难以完成的时候，就可以想想我们的美好愿景。这条情感纽带会激发我们的内在力量，激励我们迎头向前，不惧困难，实现人生理想。

大脑和愿景

大脑是一个神奇的器官，就像大卫·弗罗斯特说过：“它从你早上一起床时就开始工作，直到你开始工作为止，它一直不停运转。”

我们的大脑很奇妙，很强大，又很矛盾。它功能繁多，有时候你的大脑内部也可能会有冲突。你是否曾经觉得你的大脑在和自己打仗？如果有的话，你的情况并不是个案（你并没有疯）。有一些开创性的研究可以解释你正在经历的事情，而且这些研究提供了一些有力的解释，教人们如何通过更有效地利用大脑来过上理想的生活。

研究人员发现，大脑中一个叫杏仁核的部分在我们遇到未知和危险情况的时候会做出负面反应。这种反应会帮助我们规避危险，保护生命。但不幸的是，我们每想到未来的不可预测时，我们就会产生不确定感，这是因为我们不知道如何去实现并保持我们理想中未来的模样。那么这时杏仁核就开始发挥作用了。

我们大脑中喜欢规避风险的这部分物质已经开始阻挡我们的前进道路了。它想把我们带出这种不确定的、危险的处境。当我们开始展望新的未来，想要改变原有的舒适区，想要一个更宏大、更大胆的目标时，杏仁核就会努力在我们做出任何有害的事情前结束你的想法。

因此，我们一贯抵制变化和推迟进步，这种态度确实是不好的消息。但好的消息是，我们的大脑还有一部分，称为前额皮层（Prefrontal Cortex，PFC），它可以平衡杏仁核的作用。当我们眺望开阔的视野时，PFC会变得兴奋；更有趣的是，当我们在想象未来可能会取得的成就时，它也会积极反应。科学家们在监测测试对象的 PFC 情况时让他们设想一个美好的未来，此时可以追踪到他们增加的电脉冲。

以前，科学家们认为我们的大脑在成年后就不再改变了，但最近的研究发现我们的大脑一直处在变化之中。事实上，我们经常使用的区域在神经联结的密度和大小上一直在增长。

大脑的这种变化能力称为神经可塑性。正是这种可塑性解释了情感联结为何如此重要：你的大脑生理上是可以不断变化发展的，当然这要取决于你怎样使用它。

所以，我们既有好消息也有坏消息。坏消息是如果不刻意调动我们的 PFC，那么我们就会让杏仁核部分来控制我们，我们就会抵触改变，停滞不前；好消息是我们可以凭自己的想法轻松地改变自己的大脑，可以通过畅想美好的未来来刺激大脑变得更强，经常反复地畅想一些吸引我们的人生蓝图就会产生效果。

以上说法中最好的部分就是，当我们怀有一个美好畅想的时候，大脑的神经元会变得兴奋，这批神经元就可以支持我们完成自己的目标。这也说明了我们可以通过想象法来训练自己的大脑，进而实现自己的理想。但第一步一定是构筑一个能激励我们的目标，学会紧紧地抓住它，不放手。

　　告诉我，你打算用你这条热情又宝贵的生命，做些什么呢？

　　　　　　　　　　　　　　　　　　　　——玛丽·奥利弗

第 4 章

摒弃年度计划

一旦你有了明确的梦想，就需要制订计划去实现它。假设现在你正和家人一起度假，驾车越过田野的时候却没有带地图，你一定会认为这太糟糕了！

没有计划的梦想就是白日做梦。

当你想实现梦想和职业目标时，制订计划格外重要，它甚至比越野跋涉时的一张导航地图的作用更大。然而可悲的是，大多数人在旅行时用来计划的时间比他们在工作时用来计划的时间要多得多。

按照计划工作可以给人们带来三个明显的益处。

一是减少错误。制订计划使你能够提前思考实现目标的最佳方法。如果在计划时发现不足，就能避免在实施过程中出现错误。

二是节省时间。研究表明，制订计划可以节省大量的时间和资源。这似乎有些自相矛盾。许多人都觉得没有持续不断地做事就是效率低的表现，但事实上，制订计划的时刻往往是效率最高的时刻。

三是目标集中。制订计划就像一张完美的路线图，既能使你精力集中，也能使目标更加明确。制订计划对你来说很重要，因为每天你都会被各种各样的事情干扰，但计划却能不断地引导你朝着更重要的目标前进。

1. 12周计划

12周计划与人们熟知的其他方法不同，在它能带来的益处中，有一些要比传统的年度计划更好。这里的12周计划并非传统概念中的季度计划，因为季度计划是年度化思维模式的一部分。12周计划是指每个12周都是彼此独立的，每12周是新的一年，根据计划实施这是个让自己变得更好的全新机会。

与年度计划相比，12 周计划还有三个不同之处。第一个不同之处是 12 周计划更容易预测。你对未来的计划越长远，可预测性就越低。长期计划的设想建立在先前的设想之上，而这些设想是建立在更早的设想之上的。如果你真能预测未来，那么请打电话给我，我想和你谈谈选择哪只股票回报更大！

实际上，即使可能的话，要预测你未来 11 个月或 12 个月的生活也是非常困难的，这就是为什么年度计划通常是基于目标而制订的。

12 周计划的可预测性要精确很多，你可以非常明确在未来 12 周内每周都需要做什么。12 周计划是以数字和行为为基础的，它们将你的行动和预期结果紧密联系在一起。

12 周计划的第二个不同之处在于它对目标更专注。大多数年度计划目标太多，这也是执行计划失败的主要原因之一。年度计划包含这么多目标的原因是你计划了 12 个月的周期，列出了未来 365 天里你想要完成的所有事情，这就难怪你为什么会感到失望和沮丧。最终你会因为要做的事情太多而变得精力过于分散——这可不是我们走向成功的秘诀。

这个世界上的机会永远比你所追求的机会多。执行12周计划的方法，就是抓住重点内容而不是所有事情都泛泛而谈。在12周计划中，你要找出最重要的1～3件事情，然后集中精力去完成它们。在这个为期12周的计划中，我们要把精力集中投入几个关键领域，以此来催生执行计划的动力和紧迫感。

12周计划的第三个不同之处在于结构体系。根据以往经验，很多计划的制订都是为了制订一个好的计划。因此，在大多数情况下，这些计划被放在一个漂亮的活页夹中，很少能实现。

2. 设定目标

制订计划的目的应该是帮助人们锁定、实现在实现目标过程中的数个关键行为和步骤，以此来实现目标。如果制订计划不能帮助你更好地执行计划，那么就没有必要制订计划。可悲的是，人们在制订大多数计划时，都没有考虑到怎样将其在工作中切实地实施。因此，计划的结构和其制订方法会影响是否能有效执行计划的能力。此外，有效的计划能在宏观的复杂性和微观的细节

之间取得平衡。所以，你的计划应该从确定你 12 周的总
体目标开始，这个目标能够决定"用 12 周完成 12 月的
工作"的计划的成功。总之，这是一个美好的 12 周，同
时也是你朝着长远目标有意识地进步的 12 周。

> 如果你不清楚自己的目标，你就永远不会达成
> 目标。
>
> ——瑜珈·贝瑞

　　一旦你确定了 12 周的目标，就需要采取策略了。最
简单的方法就是将你的 12 周目标分解为几个部分。例如，
如果你的 12 周目标是赚 1 万美元和减掉 10 磅体重，你
应该分别制定实现你的收入目标和减肥目标的策略。策
略即是推动你实现目标的日常行为，所以必须是具体的、
可操作的策略，包括截止日期和任务分配。稍后在应用
部分，我们将进一步讨论如何制定有效的策略。

　　12 周计划在制定策略时要确保能及时达成目标。请
记住，为了避免在 12 周内迷失目标，你需要让你的 12
周计划与你的长期目标保持一致。

　　12 周计划十分有效，它让你专注于现在最重要的事

情。要记住，12 周计划不是年度计划的一部分，那是过时的年度化思维。

　　12 周的时间长到足以完成任务，但也短到要时刻保持紧迫感。对于优秀的人来说，12 周计划是一步一个脚印的路线图，能有效避免拖延症和精力分散，督促大家快速采取行动。

> 　　更多 12 周计划的案例，可免费登录 www.12weekyear.com，加入"用 12 周完成 12 月的工作"社区！

第 5 章

切实完成周计划

长期目标的达成离不开行动的日积月累。约翰·霍普金斯医学院创始人威廉·奥斯勒先生说，他成功的秘诀是生活在"时间紧迫的舱室"当中。他发现，当我们计划未来的时候，我们应每天都在朝目标努力进发。因此，你的日常行为必须与你的长期目标、战略保持一致，才能保证所有的努力都会有所成效。

和结果相比，每个人更能控制自己的行为，而且，过程决定结果，所以制订计划显得十分重要，但所制订计划不仅以数字为基础，还应包括具体的、关键性的行为活动。

> 最能预测你未来的是你的日常行为。

现实世界不会主动回应你的诸多意愿，无论这些意愿有多么热情和强烈，而最终推动宇宙运动的还是行动。正如先前所说，制定目标十分重要，因为目标能影响最终结果和行动的整体方向。同时，目标也提供了行动的动力，没有行动的目标只是空想。因此，只有坚持不懈的行动，才能把梦想变成现实。

正是在此方面，人们常常选择放弃。我们大多数人都渴望改善生活的某些方面：无论你是想赚更多的钱，找一份新工作，遇到合适的伴侣，还是减肥，改善人际关系，成为一个更好的高尔夫球手、父母或成为更好的自己，只有美好愿望而没有行动是远远不够的。

因此，只想着去改变还是不够的，为了让事情变得更好，你必须按照这个目标去行动。努力也不是三分钟热度，而是要持之以恒。正如古罗马哲学家卢克莱修所指出的："滴水石穿。"为了实现目标，在重要的任务上坚持下去，是获得你想要的生活的关键。

你现在的行为创造你的未来。如果你想知道你的未来什么样，看看你现在的行为，它们是对你未来最好的预言家；如果你想知道未来的健康状况，就关注你现在的饮食和锻炼习惯是否健康；如果你想知道婚姻是否顺利，就关注你和配偶之间有否存在有效的交流；如果你想知道未来的职业方向和收入，就关注你每天的工作内容。总之，你当下的行为会预测、解释未来的一切。

周计划

> 一盎司的行动抵得上一吨的理论。
>
> ——拉尔夫·瓦尔多·爱默生

周计划是一个强大的工具，它可以将你的 12 周计划转化为每天和每周的行动。同时，周计划也是将你的一周时间和任务进行整合的工具，是你一周的活动计划，会让你每天都专心从事核心活动。每周计划可以让你规划好活动，这样你就可以专注于真正重要的长期和短期任务，时刻保持专注和高效，而不是被所有使你偏离计划的噪声和干扰所困扰。

每周计划并不是一个美化版的待办事项清单；相反，它反映了你的 12 周计划中的关键战略性活动，包括为了达成目标每周需要做的事情。

一个有效的周计划的基础和起点是 12 周计划。12 周计划包含了实现 12 周目标所需要的所有策略。每一种策略都有一个指定的完成周，这些策略通过指导你的日常行动来驱动你完成每周计划。因此，周计划只是 12 周计划的衍生品，本质上是 12 周计划的 1/12。

为了更加有效地利用你的周计划，你需要在每周的开始阶段用 15 ～ 20 分钟来回顾你过去一周的进步，并为下一周做出计划。此外，每天的前 5 分钟应该用来回顾你的每周计划，以便更好地安排当天的活动。

"用 12 周完成 12 月的工作"的计划通过强调每周的价值，可以让你更加专注。在这项计划中，一年相当于 12 周，一个月相当于一个星期，一个星期相当于一天。如果你这样看待每一天，那么它就显得更加重要。你的每周计划能让你专注于你的行动，在一些事情上取得更加卓越的成果，而不是在很多事情上都做得平平凡凡。因此，为了确保你在工作中的努力取得最大成果，周计划是一个强大而不可或缺的工具。

你的周计划包括战略和优先事项、长期和短期任务，以及在一定时间范围内需要完成的任务。它帮助你专注

于计划中每周必做的事情，让你始终朝着"用 12 周完成
12 月的工作"的目标前进；反过来，你的目标又使你始
终坚持你的愿望，使每件事都紧密相连。

　　要真正从此工具中获益，你需要将它随时牢记，并
在日常工作中切实使用。每天都从周计划开始，都要进
行数次检查。如已把当天任务安排妥当，在未完成前请
不要回家，一定要确保每周完成应完成的重要任务。

　　请访问我们的网站 www.12weekyear.com，查看更多
周计划和其他工具的案例。以每天和每周为单位的周计
划，比其他任何工具都更能帮助你达成目标！

第 6 章

勇于评估表现

你是否想过为什么体育运动会如此激励人心？事实上，体育运动不仅能激励运动员，对观众也有激励作用。你能否想象出观众或粉丝来花钱看你运动的情景？而体育运动如此激动人心的一个关键原因就是体育运动中有评分这一过程。

评分是竞争的核心。我们通过计分、测算和统计数据来判断是否成功，并确定需要改进的地方。在体育赛事中的任何时刻，每个运动员、教练和粉丝都清楚地知道自己队伍的排名，并以此信息为参照做出决策，从而做出更好的表现并取得成功。换句话说，评分让我们知道所做的事是否有效。但是在商业上，我们却不常评分，如果没有一些客观的衡量标准，我们就不能确定自己做的事情是否有用。事实是，就像在体育运动中一样，对成绩和结果的衡量驱使着整个商业过程。

20世纪60年代，产业心理学家弗雷德里克·赫茨伯格开始研究在职场上是什么在激励着人们。通过大量研究，他发现影响最大的两个因素是成就和认可。我们一贯主张，要想知道自己是否有所成就，唯一的方法是通过评估，即不断地给自己评分。人们常常误认为评分会伤害人们的自尊，但研究表明，事实恰恰相反，因为评分记录了人们的进步和成就，所以评分能够帮助人们建立自尊和自信。

1. 评估结果

评分作为一种对真实情况的检验，能提供对行为的反馈和对效率的深入分析。有效的衡量方法可以将主观情绪从评价过程中移除，并真实地描绘出你的表现。而且，评分数据是客观的，与主观努力或远景无关，它只显示最终结果。

我们时常会持有忽略不尽如人意的结果的倾向，但如果有了有效的评分方法，即使不情不愿，我们也必须直面现实。虽然这可能很难，但我们越早面对现实，就能越早将行动转化为更理想的结果。这正是有效的评分工具能帮助我们所能达到的目标，它需要我们集中精力，并促使我们更迅速地根据评分结果做出反应，从而提升我们成功的可能性。

> 非上帝不信；非数据不认。
>
> ——W. 爱德华兹·戴明

评分可以促进执行过程。你能想象一个大公司的首席执行官不知道公司的数据吗？你和我也是自己的生活和事业的首席执行官，同样，我们也需要知道我们的数据。所以，评分为我们提供了重要的反馈，帮助我们做出明智之选。

有效的评分内容包括事前指标和事后指标，而这些指标也为我们做出明智决定提供了必要的、全面的反馈。事后指标，如收入、销售额、任务收入、减重磅数、体脂率、总胆固醇水平，这些代表了你努力达到的最终结果；事前指标指产生的最终结果，如打销售电话或发展下线的数量是销售过程中的事前指标。虽然大多数公司和个人都能有效地评价事后指标，但许多人往往忽视事前指标。简言之，有效的评分方法应同时兼顾可以互相补充的事前指标和事后指标。

此外，我们拥有的最重要的事前指标是你的执行动力。最后，我们对自己的行动比对结果的控制应更有把握。因为结果是由行动创造的，所以对于执行力的评分表明我们是否做了我们认为对实现目标而言最重要的事情。

请记住，首先，我们要有一个远大的理想，一个比现有的更宏大、更引人注目的理想；然后制定一套12周目标，这些目标与理想是一致的。对于每个目标而言，我们制定了必须采取的行动策略和行动步骤来实现目标。我们最能直接控制的因素就是对行动策略的执行力。对执行力评分能使我们明确自己在多大程度上遵循了这些策略。因为我们的12周目标是根据长期理想制定的，所以评价执行力也预示着我们实现理想的进展情况。

因此，找到一种评价执行力的方法十分重要，因为它能让我们精确地找出问题所在并迅速做出反应。评价执行力与评价结果不尽相同，结果可能会在行动后数周、数月甚至数年才能有所显现；而对于执行力的评价为我

们提供了更及时的反馈，让我们能够更快地调整完成各
项任务的时间。评价执行力之所以重要，还有以下一个
原因：如果我们没有达到目标，我们需要知道这到底是
由于计划内容的缺陷，还是执行过程产生了失误，因为
处理这两个问题的方法有很大的不同。当计划的策略无
效时，那么就是计划内容出了问题；而当计划不能执行
时，就说明执行出现了问题。

在执行过程中，执行力有超过 60% 的可能性会出现
问题，但是通常人们会认为问题出在了计划内容上，然
后对计划进行了改变。其实，此做法是不正确的。因为
如果我们不去执行计划，就不会知道计划内容是否有效。
所以，对执行力有效的评分将帮助我们找到问题的根源，
以便我们能直接解决问题。在大多数情况下，除非你的
执行力水平相当高，否则我们没有必要改变或调整计划。
值得欣慰的是，我们每次在对执行力评分的时候，都会
得到反馈。如果我们的执行并未达到预期值，我们可以
根据市场反馈对计划进行必要的调整，但条件是我们必
须已经执行了计划。在很多时候，人们在真正执行计划
之前就想要改变它。但一般来说，除非我们已经有效地
完成了计划策略，并且它没有产生效果，否则我们不应

改变计划。所以，我们其实真的可以制订很棒的计划。而且，只有真正实施过计划，我们才能知道这个计划有多棒。

如果你的执行力水平已经很高，但结果还是不尽如人意，那此时应该调整计划了。物理学曾告诉我们，每种力都会产生反作用力。所以，值得欣慰的是，当我们做任何事情时，其所产生的效果可能不如预期，但总会有点成果，那也就是市场反馈。如果没有此种反馈，我们就不可能有效地调整计划。但是，如果我们不知道执行了哪些行为策略，我们所做的任何改变都将是徒劳的。

> 真理是唯一可靠的立足点。
>
> ——伊丽莎白·卡迪·斯坦顿

2. 每周计分卡

评价执行力的最好方法是从周计划开始（基于你的12周计划），并对计划的完成情况进行评估。为了一年12周的计划，我们开发了一种工具——每周记分卡。如果到目前为止，你已经跟着完成了全过程，那么就会知道，周计划代表我们为了实现总体目标而需要每周完成的关键任务。另外，每周记分卡提供了一种客观的方法来评价周计划的执行情况。值得注意的是，每周计分卡评价的是执行力，而不是结果。所以，我们需要根据每周完成的任务量给自己评分。

我们要追求卓越，而不是完美。如果我们成功地完成了每周计划中85%的活动，那么就很有可能最终实现目标。记住，我们的计划涵盖了具有最大的价值和影响力的最重要的优先事项。换句话说，我们只需要在最重要的优先事项上达到85%的效率，就可以实现卓越！

温馨提示：记分方法并不适合缺乏勇气和自信的人。有时候我们可能表现不佳，得分不高，这时有的人往往选择中途退出，因为他们缺乏勇气面对现实。他们会把注意力转移到其他似乎很重要的事情上，而不去关注对于他们执行力的评分。如今，我们有了《超高效时间管理：用12周完成12月的工作》，我们的执行力会无处可藏，它能洞悉我们所有执行行为的优劣，因此，我们时刻全力以赴去完成任务。《超高效时间管理：用12周完成12月的工作》的方法促使我们勇于面对自身执行力不足的问题，也许这会让我们感到些许不适，但如果我们想做到更好，就需要这种适度的有效紧张来帮助我们实现目标。

有效紧张是当人们没有做自己明知该做的事情时所产生的一种不舒适的感觉，拥有这种不适时，人们自然地要去解决它。为此，人们通常会做出两种选择。

其中，最简单的方法就是停止使用该方法，无视问题的存在。通常情况下，这是一种消极抵抗、逃避问题的方式，你会推迟一周的得分，然后告诉自己会晚些时候再去解决问题。其实，我们以后基本上会放弃评分。

另一种方法是把有效紧张作为改变的催化剂。成功人士不是通过逃避困境来应对不适的，而是将这种紧张感作为前进的动力。如果我们认为放弃并不是好的选择，那么有效性紧张带来的不适将最终成为我们前进的动力，促使我们采取行动，鼓励我们继续前进，去执行我们的计划。

即使我们每周的得分在 65% ～ 70%，如果持之以恒地坚持下去，我们也会做得很好。虽然我们可能不会做到最好，但我们会得到令人满意的结果。请记住，这个过程不是为了使我们更加完美，而是为了使我们变得更好。

总之，评估驱动整个执行过程。如果我们想要表现突出，并达到最佳状态，那么有效的评分必不可少。花点时间建立一套良好的评分标准，涵盖事前指标和事后指标，还要确保给执行力进行评分。加油！期待我们拥有更多的勇气去评估我们的表现！

第 7 章

明 确 目 标

生活中需完成的一切事情都要我们投入时间。因此，想要增加最终成果的含金量，我们必须面对这样一个事实，即我们所拥有的时间完全是无弹性的，而且转瞬即逝。

即使在这个快速创新和技术进步的时代，时间对我们最终结果的制约也要远远多于其他任何资源。当我们问客户，是什么让他们无法实现更多目标时，我们通常会听到时间不足这个理由——**然而在所有个人资源当中，时间却是被挥霍得最厉害的。**几年前，一个名为 Salary.com 的网站进行的一项调查显示，我们普通人每个工作日都会浪费近两个小时的时间！

1. 是与否的重要性

现实情况是，如果我们没有专注于如何利用我们的时间，那么我们就将结果留给了偶然。虽然我们控制行动而不是结果的做法是正确的，但我们的最终结果却是由我们的行动所创造的。我们有理由相信，我们在一天中所采取的行动最终将决定我们的命运。

尽管时间是无价的，可许多人却得过且过。换句话说，无论什么需求突然出现，他们都会尽力去满足、去回应，而不去考虑这样做会花费多少时间，也不去考虑这些事情的相对价值。这是一种被动的做法，因为我们被这一天控制住了，无法发挥出我们最大的潜力。

要实现自己的潜能，我们必须学会如何利用自己的时间。怀着明确的目的生活违背了我们强大的自然本性，即那种需要我们随时做出反应的本性，因为当带着目的去生活时，我们需要根据我们的优先事项来组织我们的生活，并要有意识地选择与我们的目标和期望相符的活动。

如果利用时间时心中目标明确，我们就会知道何时该说是，何时该说不。当开始拖延或从事某项低水平活动时，我们可能已经意识到自己正在逃避，避免去处理那些不那么舒适但却收效甚高的事项。如果怀着明确的目的去利用时间，我们将会不那么浪费时间，并会将更多的时间花在高回报的行动上。但要做到这一点，我们必须要十分自律，同时要规划好每一天和每一周。一个最佳的方法是使用 12 周计划表，以此来推进我们的活动，这样我们会为我们的每一天设立目标，而不是让这一天指挥我们。在这场对抗平庸的战争中，实现目标才是我们的秘密武器。

忙碌不算什么，蚂蚁也忙着呢。重点是：我们在忙些什么？

——亨利·大卫·梭罗

2. 给时间分块

本杰明·富兰克林曾说："如果我们爱惜分分秒秒，岁月自然也会爱惜我们。"这是一个明智的建议。实践这个箴言的挑战在于，每天都有新的事情源源不断出现——那些我们未曾预料到，而且会耗尽我们宝贵时间的事情。

如果我们尝试去减少这些干扰通常并没什么效果，反而还比直接去处理它们更加困难。我认为，要富有成效地利用时间，即目标明确地利用时间，关键在于，不要妄图去排除这些意料之外的干扰，而是要每周划分出专门的时间，以用于那些战略性的重要任务。我们称为**执行时间**（Performance Time）。同时我们发现，这是我们有效分配时间的最佳方式。利用一个简单的时间分块系统，我们将得以重新控制时间，并最大限度地提高效率。

执行时间有三个主要的构成部分：战略时间块、缓冲时间块和逃离时间块。

（1）战略时间块。 战略时间块指的是每周安排三小时不受干扰的时间。在该时间段内，我们不接电话，不收发传真和邮件，不接受访客，不接受任何打扰；相反，我们要将所有精力都集中于事先计划好的任务上——战略性的、盈利性的事项。

在战略时间块期间，我们的智慧和创造力将得以集中，以取得突破性的成果。我们很可能会对我们所能完成的工作的数量和质量感到震惊。对于大多数人而言，每周一个战略时间块已经完全足够了。

（2）**缓冲时间块**。缓冲时间块旨在处理所有计划外的和低价值的任务，如大多数的电子邮件和语音邮件，这些在平常日子总是出现的任务。几乎没有什么比对付持续不断的干扰更效率低下、更令人沮丧的了，但我们都有被计划外的事情干扰的经历。

对于一些人来说，每天 30 分钟的缓冲时间块是完全足够的；但对于另一些人而言，可能需要两个单独的一小时缓冲时间块。缓冲时间块的好处在于，它将那些成效微弱的任务集中在一起，这样我们就可以提高处理这些事项的效率，并能充分掌控这一天中其余的时间。

（3）**逃离时间块**。导致我们的行动停滞不前的一个关键原因在于，我们没有空闲时间。很多时候，企业家和专业人士陷在更长时间更加努力工作的循环中，但这种方法会消耗我们的精力和热情。为了取得更好的成果，通常我们需要的不是更长的工作时间，而是花些时间远离工作。人们常常引用那句著名的谚语——"只工作不玩耍，聪明的孩子也变傻"——这绝非偶然。只工作而不休息，我们就会失去在创造力上的优势。

有效的逃离时间块是，花至少三小时的时间在工作之外的事情上。这是一段安排在正常工作时间段内，但远离工作的一个时间块。我们可以利用这段时间来消除疲劳，恢复精神。这样，当继续工作时，我们能够更加专注，精力也更充沛。

> 如果我们无法掌控我们的时间，我们也无法掌控我们的结果。

执行时间的内容不只有战略、缓冲和逃离时间块三部分，每天和每周内安排的日常任务越多，我们的执行效率就越高。实现这一目标的最佳方法是，制作一张关于理想周的表格。

理想周这一概念是指在纸上计划好通常一周内会出现的重要事项，并将其组织好，以使行动更富有成效。如果我们无法把所有待办事项安排在纸上，那说明我们在现实中也无法完成它们。因此，我们要有策略地规划我们的一周时间，但在这一过程中我们会面临一些艰难的抉择。

同时如果可能的话，制作理想周表格这个过程也会帮助我们安排好每周、每天、每个时刻都要完成的日常任务。我们还需要考虑一下在哪个时间段我们会处于最佳状态。我们属于早晨型、下午型还是晚上型呢？我们要将最重要的事项安排在我们的黄金时段，而且我们会在第 17 章指导如何建立理想周的模型。

对于我们的许多客户而言，执行时间对最终结果产生了非常直接的影响。尽管每周只高效地利用几个小时，可这通常能产生巨大的影响。学会怀着更明确的目的性去利用时间，我们不仅在完成任务时会更有效率，同时我们将会感受到一种更强大的对事物的控制感，会减轻我们的压力，增强我们的自信心。

> 要获取更多关于时间块的信息，欢迎加入"用 12 周完成 12 月的工作"社区，网址是 www.12weekyear.com/gettingstarted。此网站不收取任何费用！

第8章

主动承担责任

承担责任也许是商业领域与日常生活中最容易被误解的概念。大多数人会将承担责任与被问责（对恶劣行径、不良表现的负面后果）等同起来。例如，当某个运动员做出某些违反联盟行为准则的事时，联盟理事便会公开声明，这名运动员要被问责，该运动员将被实施罚款或承受停赛处罚。这就难怪大部分人都不想与"承担责任"有任何瓜葛。

在商业领域，人们常说要让他人承担责任。你时常会听到管理层说类似的话："我们需要多下点功夫，让员工们对自己的工作负起责任来。"我甚至听到过某些渴望表现得优秀的人说："我只是需要有人来让我承担责任。"以上言语反映出一种错误的观念，即责任是可以而且必须被强加的。但照这么说，这就不是承担责任，而是承担后果。事实上，我们无法让别人承担责任。我一直喜欢开这个玩笑，我们可以抱着个婴儿，你也可以抱着个杂货袋，但不能让人"抱"着责任。

责任不是某种后果，而是一种所有权。无论在何种情况下，责任都体现出一种性格特征，一种生活态度，一种为自己的行为和结果负责的意愿。在《工作的自由与责任：将哲学洞察力应用于现实世界》一书中，作者彼得·凯斯特鲍姆和彼得·布洛克对责任进行了如下讨论：

我们很少对承担责任进行思考。我们认为人们都想要逃避责任，所以必须强制施加责任。我们必须要让他人承担责任，同时制定出奖惩措施以达到让他人承担责任的目的。以上这些思想在我们的文化中占据着强大的主导地位，因此，人们很少对此提出质疑。然而，正是这些信念使我们无法体验到那些我们所渴望体验的事物。

承担责任在本质上应基于这样一种思想，即我们每个人都拥有自由选择的权力。而这种自由选择的权力恰恰是承担责任的基石。

承担责任会使你意识到，你总是拥有选择的权利，但生活中也存在我们不得不做的事。虽然我们勉为其难地做了那些我们讨厌的事，其原因只是我们不得不去做。我们做的每件事都是我们的选择。即使身处一个对我们提出种种要求的环境中，我们仍持有选择权。但做事时，我们是主动选择去做，还是被迫不得不去做，这两者间存在很大的差别。如果我们做不情愿去做的事，那它就是一种负担，一种累赘，而我们所能达到的目标至多能达到最低标准。然而，如果我们意识到我们对自己所做的事情拥有最终选择权，那么我们就创造了一种截然不同的情境。当我们主动选择去做一件事时，我们会尽可能地利用资源，不遗余力、全力以赴地去努力，以达到目标。所以，主动承担做事的责任是一种更强有力的立场。长此以往，我们将得以选择自己工作中的行为和成果乃至结果。

> 责任不是某种后果，而是一种所有权。

　　我们所有人都倾向于在自身之外寻找可被改变或可被改进的事物。我们在等待经济复苏，等待房地产市场扭亏为盈，等待公司研发出新产品，制定出更具竞争力的价格及设计出更优质的广告。这很容易使我们成为外部环境的受害者，因为我们会耗费大量的时间和精力去憧憬、去幻想、去想象。我们会幻想，如果憧憬的世界会实现，那么我们的生活会如何？实际上，世界上任何一件事情并不都在我们的控制之下，我们所能把握的只有自己的思想和行动。但如果我们愿意去拥有思想和行动（这点很重要），那就已经足够了。

　　请不要误认为，我们本章所说的责任在某种程度上是消极被动的。情况恰恰相反，真正意义的承担责任需要我们积极面对现实，是我们主动的选择，也是我们主动选择的结果。鉴于此，承担责任其实具有极其强大的效力，而且前提是我们愿意面对现实，面对当下的实际。

　　我们对责任的态度及我们承担责任的主动程度，会影响我们所着手的一切，其中包括人际关系和执行能力。当我们明白真正意义的承担责任在于选择主动承担，在于承担选择带来的结果时，我们会感受到周遭的一切都发生了变化。我们从负隅顽抗变为主动出击，从饱受束缚变成拥有多种可能性，从平庸无为走向成绩卓越。

最终，唯一需要对事情问责的只有我们自己。要想获得成功，我们在精神层面必须自我坦诚，满怀勇气，这样才能真正地把控自己的思想、行为及最终结果。

第 9 章

区分兴趣与承诺

做出并兑现承诺是一年 12 周计划的重要组成部分。所以，拥有积极兑现承诺的能力可以提高最终结果的质量，能建立信任，促进团队高水平运作。但我们当中的许多人却避免兑现承诺，而且更糟糕的是，当遇到困难时我们总是会放弃承诺。因此，要想在自己的领域脱颖而出，我们必须做一个勇于做出承诺并兑现承诺的人。

> 承诺是切实的行动，而不是一句空谈。
>
> ——让·保罗·萨特

有这样一个关于鸡和猪对早餐投入程度的故事。鸡对早餐贡献了鸡蛋，因此它对早餐仅有些许兴趣；而猪对早餐贡献了培根，因此它把自己完全奉献给早餐。这是一个幽默小故事，但最终把关于承诺消极的一面描述了出来。实际上，积极投入有利于双方改善关系，提高诚信度，以及建立自信。投入的力量十分强大，往往会给生活带来改变。

我相信我们能回忆起这样的时刻，即当我们决心完成某件有意义的事时，我们会愿意竭尽一切财力物力去实现它。当初对父亲许下的承诺是我做过的最有力的承诺。那是发生在我大学第一个暑假里的事，当时的对话我仍记忆犹新。我们两人当时在花园里干活，谈论着我的大学一年级。那次对话让我很快意识到，对于大学的意义，我和父亲持完全不同的观念。

讨论的焦点是我的成绩。我当时上了院长的名单，但不幸的是，院长有两份名单，而我的名字在那份留校察看名单上。我父亲对我说，如果之后我的成绩还是没有提高，那他就不会再继续资助我上学了。我感觉糟透了，那天便对我父亲、也对我自己做出了一个承诺。我保证秋季学期开学后，我要在所有科目上拿到 A。为了挑战我，让我能履行承诺，我父亲增加了筹码：如果我确实在所有科目上拿到了 A，他会给我 500 美元；如果没有，那我将欠他 500 美元。

那年秋天回到学校后，我便全力以赴。我课上认真听讲，做笔记；课下阅读资料，完成课后作业。我也推掉了第一年时的那些社交活动。最终，我拿到了我的成绩——全 A。那 500 美元早就已经不重要了，但为了兑现承诺努力的过程彻底改变了我的生活。我的名字开始出现在院长的第一份名单上，而且再也没有跌回到第二份名单。

我的故事是一个关于兑现承诺的鲜活实例，做出承诺并将其兑现确实是个人行为。而遵守对他人的承诺可以建立人与人之间的相互信任，保持伙伴间稳定、良好的关系；遵守对自己的承诺可以磨炼品格，获得自信，并走向成功。

> 只有做出承诺才会有实际计划，否则只会有空谈的约定和希望。
>
> ——彼得·德鲁克

我喜欢的一个关于承诺的定义是，"在情感上或智力上受某种行为束缚的状态……"（《美国传统词典》，第四版）。从这个角度来说，承诺指的是一种有意识去选择行动，以期达到理想结果的状态。

我们凭直觉知道，拥有遵守承诺的能力是高效执行和优异表现的基础。但许多人却时常无法做到履行承诺。似乎每当事情变得困难之时，我们就找各种理由，说我们无法遵守承诺了，接着我们又将注意力转移到其他活动上。然而当事情又变得艰难时，我们的兴趣值再次降低。我们需要明白兴趣与承诺之间的区别，这一点很重要：当我们出于兴趣去做一件事时，我们只有在情况允许时才会做这件事；但如果我们承诺去做某件事时，我们就不能为自己寻找任何借口，只能接受现实。

当我们承诺去做某件事时，我们会做一些一般不会做的事情。我们不会问关于"如果"的问题，我们仅会自问"如何去做"的问题。承诺的力量异常强大，因为兑现承诺的过程不是那么一帆风顺。

以下是有助于我们顺利兑现承诺的四个关键方面。

（1）强烈愿望：为了兑现某一承诺，我们需要有一个清晰且足够吸引我们的原因。如果没有强烈的愿望，那么在实施过程中如果遇到困难，我们会感觉苦不堪言。

但有了足够吸引我们的原因后，那些看似无法克服的障碍就会被视为需要去迎接的挑战。因此，我们所期待的最终结果也具有足够的意义，以支撑我们度过艰难的时期，并使我们一直行进在正确的道路上。

（2）**关键行动**：一旦渴望去完成某件事，我们就需要确定关键行动，以达到我们所追求的目的。在当今世界，我们许多人已成为旁观者而非参与者。因此，我们必须记住，只有我们的行动才最有意义。

在诸多努力中的诸多行动会助力我们实现目标，但通常能对最终结果产生重大影响的只有那些为数不多的几个关键行动。而且在某些情况下，能决定最终结果的只有一到两个关键行动。所以，我们必须能够识别出这些关键行动，并将注意力专注于这些行动。

（3）**核算代价**：兑现承诺需要付出代价。任何一种努力都会有收获和代价。我们常常声称，我们要许下承诺，无须考虑代价——那些要实现愿望我们必须克服的艰难险阻。这些代价包括时间、金钱、风险、不确定性、跳出舒适圈等。因此，在做出承诺之前，我们需要先弄清楚需付出的代价，这会使我们有意识地做出选择，确定我们是否愿意为了我们的承诺去付出这些代价。而当我们面对其中任何一种代价时，因为我们对此早有预料，而且我们认为要达到目标付出这些代价也是值得的，所以任务完成的积极性也会有所提高。

（4）按承诺而非感受行事：总会有某些时候，我们一点也不想去做那些重要事项。这种情况我们都经历过。例如，早晨五点半起床在冬日的寒风中慢跑，这让人心生畏惧，尤其是当我们躺在温暖的被窝里还要坚持起床时。而往往正是在这些时候，我们需要按我们的承诺而非我们的感受行事。如果不这样做，我们将永远无法获得前进的动力，我们要么一直在原地打转，不断地重新开始；要么像大多数情况下那样，直接放弃。我们需要学会无论当下的感受如何，都要去完成我们需完成的事情，而且这是我们通往成功的极为重要的一课。

很多时候，由于我们做出的承诺有一定的时间限制，因此它们也更具有挑战性。我们很难去对一辈子进行承诺——甚至做一个为期一年的承诺也困难异常。有了一年12周的帮助，我们无须为一辈子做出承诺，我们甚至无须许下一个为期一年的承诺，而只需做出12周的承诺。做出一个12周的承诺，并努力去兑现它，这比要兑现一个为期12个月的承诺可行性更高。12周结束后，我们可以对我们的承诺进行评估，之后可以再重启一个 12 周的承诺。

我们所做出并兑现的承诺终将塑造我们的生活。承诺使我们的婚姻更健全，使我们的人际关系更持久，它驱动着任务的结果，塑造着我们的人格。如果我们有勇气说，我们可以完全依靠自己去完成任务，而不需要多方帮助，那我们就已经不可思议地掌握了生活或工作的主动权。

第 10 章

重视伟大的当下

人们说，技术使世界变小了；在我们看来，技术也使世界运转得更快了。生活似乎变得越来越忙碌，生活节奏也越来越快。

请不要误解我们的意思，技术是个好东西。与我们1988年花了6000多美元购买的第一台笔记本电脑相比，我们现在的手机拥有更为强大的计算能力，同时也更具实用性。但手机的一个弊端在于，它侵占了我们绝大部分的休息时间。以往，我们上下班的路上无法使用网络，我们需要断开网络；可现在大部分人会把下班这段时间也花在手机上。我们因此丧失了这一天的所有空闲时间，但我们仍需要额外的时间来放松精神。

在这个被忙碌充斥的世界里，处理多种任务已成为一项高价值的技能。我们总是认为，为了充分利用每一天，我们需要把一整天安排得日程满满的，需要全身心投入其中，需要每时每刻忙碌。我们总是担心我们可能会错过什么好事，所以一个会议或一件事情刚刚结束，我们就又火急火燎地赶去进行下一个事项，在这中间我们还得挤出时间来回一两个电话。开会时我们总是不停地查看邮箱和短消息，生怕错过什么。我们还能一边发短信，一边同时跟两三个人说话。虽然没有多少人会承认这就是他们平时做事的方式，但只需看看周围人我们便可发现——这就是大多数人的做事方式。

我们尽力不错过任何东西，可却在不经意间失去了所有。我们将注意力分散于各式各样的事项和谈话中，但当我们拼命去完成如此多的事情时，我们投入每个任务的时间实际上少之又少。我们会感到精神紧张，精疲力竭，挫败不堪，整个人变得支离破碎。事实上，这种做法正是导致我们最终变得平庸的原因，因为没有什么事能获得我们全部的注意力，无论是重要项目、重要谈话还是重要人物。

大多数人都奋力朝前奔跑，跑得越快越好，但他们却错过了生活。他们身在一处，心却在另一处。只有当我们身心合一的时候，即当我们活在当下的时候，我们做起事来才是最高效的。运动员们将这种状态称为"在区域内进行比赛"。当我们活在当下时，我们的思维会更清晰，注意力会更集中，因而我们也能更容易做出决策，能更毫不费力地在各项任务之间穿梭。当我们活在当下时，我们会活得更优雅，更自在。当我们完完全全活在当下时，当我们与现在结为一体时，生活会变得更加愉快。

> 关于未来最美好的一点是，它会一天天地到来。
>
> ——亚伯拉罕·林肯

我们无法改变过去，也不能活在未来。现在的这一刻——这永恒的现在——是我们所拥有的一切。我们此时此刻的所作所为会影响我们的未来。未来是由现在创造的，我们的梦想是在现在这一刻实现的。

我的妻子朱迪和我都得过癌症。对于那些与癌症打过交道的人，无论是我们自己还是我们的家庭成员得了癌症，我们都能迅速明白当下的意义。事实是，生活发生在当下，生命就是活在当下，而最终，我们伟大与否也取决于当下。

立刻行动

和世界上的许多人一样，我们每隔几年就会观看奥运会，观看优秀的运动员们完成那些令人难以置信的动作。几年前我们在观看运动赛事时，一个想法从我们的脑海里闪过：一个冠军究竟是在什么时候才变得伟大的？一个显而易见的答案似乎是当一个运动员表现最优异的时候，如在赢得金牌的那一刻。但当我们进一步思考这个问题时，我们得出的结论是，伟大并非诞生于获得成就的那一刻，而是早在这之前就已经存在了。换句话说，伟大诞生于我们选择去做我们需要做的事情之时。

让我们继续以奥运会运动员为例。一个运动员并非因为打破了世界纪录和赢得金牌才变得伟大，那只是他得到全世界认可的时候。事实上，赢得金牌这件事不过是他伟大的一个证明。早在数月前，甚至数年前，当这名运动员决定再多跑一千米、多游一圈、多跳一下的时候，他就已经变得伟大了。

我们认为，迈克尔·菲尔普斯并非在赢得第 18 枚金牌或第 1 枚金牌时才变得伟大的。在决定去完成那些能使他赢得最终胜利的事情之时，他就已经变得伟大了。
当他决定将精力投入训练中、决定在体育场或泳池里进
行几个小时的训练、决定吃下他身体所需的而非他想吃
的食物的时候，或者当他在心态上比以往更坚定的时候，
他就已经变得伟大了。赢得金牌不过是他伟大的证明。
迈克尔·菲尔普斯早在许多年前就已经很伟大了。

伟大并非是通过最终的结果得来的，结果不过是伟
大的证明而已。早在最终结果出来之前，我们就已经变得
伟大了。所以，我们的伟大发生在这样的一个个瞬间，即
当我们选择去做那些能使我们变得伟大的事情的那一刻。

> 那些想要拥有美好未来的人，不会浪费当下的一
> 分一秒。
>
> ——罗杰·沃德·巴布森

我们发现一件令人深思的事，即如果以每日或每周
为单位进行对比的话，伟大者与平庸者之间的差别并不
大，然而，二者在最终结果上的差异却大相径庭。与一
个业绩平平的销售员相比，一个成功的销售员不过是每
周多进行了 2 ～ 3 个预约，每天多打了 5 ～ 10 个电话，

在每周 45 小时的工作时间之外多花了 3 小时而已。对于一个成功的经理或领导者而言，他们不过是每天善于发现一个表现优异的员工，向下委派任务而非自己亲力亲为，每周花 3 小时时间来处理战略性的优先事项，给予那些在工作上遇到瓶颈的员工口头表扬和鼓励而已。从每天和每周来看，这些差别似乎微不足道；但从长远来看，这些微小的差别却意义深远。

上帝赋予我们每个人突破自我、勇攀高峰的能力。一个优胜者之所以能成为优胜者，关键就在于他有足够的自律去完成额外的事项，即使，或是，尤其是当我们对这些额外事项满不在乎之时。

令人振奋的消息是，无论我们过去或现在表现如何，从今天开始，只要我们选择去做我们需要做的那些事，我们就已经很棒了，这的确没那么复杂。总之，我们要么在这一刻变得伟大，要么永远沦于平庸。

在第 1 章中，我们写到过我们大多数人所拥有的两种生活：我们现在所拥有的生活和我们能够拥有的生活。如果我们有能力过上一种更高层次的生活，那就不要满足于眼下的一切。每天做出承诺要变得更好，并静候在这短短的 12 周时间内会发生什么吧。

第 11 章

故意打破平衡

"用 12 周完成 12 月的工作"效果显著，它会给你的生活带来不小的变化。虽然我们在本书中所使用的关于"用 12 周完成 12 月的工作"的大部分示例都是针对工作方面，但它对于你生活中的其他方面也同样适用。

我们大多数人面临的挑战是如何平衡我们的时间和精力——在工作与家庭之间、社区服务与娱乐活动之间、锻炼与放松之间、自我兴趣与个人义务之间。但是如果将过多的时间和精力花在某个领域上，你最终会精疲力竭，缺乏成就感。你会开始觉得，你生活中的某个领域正在耗尽你的能量，窃取你的快乐，破坏你生活的真正目标。难怪有这么多人一直在努力寻求各种方式，以使他们的生活重获平衡。

> 毫无疑问，要达到工作与生活平衡富有挑战性，这也是大多数现代人所面临的难题之一。
>
> ——史蒂芬·科维

如果从字面上理解，"生活平衡"这个词似乎有些不太恰当，因为这很自然地让一些人认为，生活平衡的目标是将时间和精力平均分配给生活的各个方面。但实际上，这是一种不切实际的想法，同时这样做也不一定就能打造出你想要的生活。因此，将时间和精力平分于你生活的各个方面，这种做法不仅收效不佳，而且往往会令人沮丧。生活平衡并不是给生活的各方面平均分配时间，而更多指的是"故意打破平衡"。

当你有目的地利用你的时间和精力，或者带着目的去付出努力时，你便能达到生活平衡。在生命的不同阶段，你会选择专注于某个方面胜过另一个方面，这是完全可以的，只要你这样做是带着目的性的。生活有不同的季节，每个季节都有它独有的挑战和祝福。

> 根本没有工作与生活平衡这一说。有的只是工作与生活的选择，你要做出选择，并承担这些选择所带来的后果。
>
> ——杰克·韦尔奇

"用 12 周完成 12 月的工作"是一个很好的手段，它能帮助你经营一种有目的性的失衡的生活。我们有许多客户，他们利用"用 12 周完成 12 月的工作"来专注于生活中的某几个关键领域，从而为自己赢得了新优势。设想一下，如果每 12 周你都将精力集中于生活中的某几个关键领域，并在这些领域取得显著的进展，那这会为你的个人生活带来多么大的变化。

思考一下健康和锻炼的问题。如果在接下来的 12 周内你下定决心要在这个领域有所提高，那你的生活会有哪些可能的变化呢？你的一种选择是，设定一个与这个领域相关的目标，并制订一个为期 12 周的计划；接着你需要确定一些策略，你要在接下来 12 周的每一天、每一周执行这些策略。你的计划内可以包括以下策略：

- 每周做 3 次有氧运动，每次 20 分钟。
- 每周训练 3 次举重。

- 每天至少喝6杯水。

- 每天的卡路里摄入量不超过1200卡。

你的另一种选择同样是先定一个12周的目标，但与上一个策略型计划不同的是，你需要确定关键（或者说核心）行动，并在接下来的12周里将精力完全投入其中。在某些情况下，一个完整的计划是最行之有效的；但在另一些情况下，确定关键行动并全力以赴的做法更富有成效。

那么你的人际关系呢——关于你的配偶或重要的另一半，关于你的家人或挚友？你可以利用"用12周完成12月的工作"来与你周围的人建立更良好的人际关系，或者打造更浪漫或更亲密的关系。如果你在接下来的12周时间里做出承诺，要在这些关系上取得进展，那你要做出哪些改变呢？这做起来并不难，你只需要许下行动的承诺，如在接下来的12周里，每周设定一个约会之夜或家庭之夜。当你在12周的时间里全身心投入某项特定行动中，你最终就会发现你的收获是多么令人难以置信。

你也可以考虑一下生活中的其他领域，如精神生活、财务生活、感情生活、学业生活及社区生活。也许现在正是你摆脱债务或者继续攻读那个你暂缓的学位的时候了。也许你一直在考虑写一本书，创办一个基金会，或是学习一门新的语言。在短短 12 周时间里，你也许不能完成以上目标，但你可以确定的是，你会在这些领域取得重大进展。将一个较大的目标分解成一个个为期 12 周的小目标，你不仅会取得持续而稳定的进步，同时在这个过程中你还能为自己所达到的每个小目标欢欣鼓舞。当取得实质性的进展时，你会感受到一种巨大的满足感和成就感，你的积极性会保持着，并一直持续到整个计划结束。

想要确定你奋斗的关键点何在，你需要从你的愿景着手，接着为你生活平衡的七个方面（精神状态、配偶 / 伴侣、家庭、社区、身体、个人和工作）评分。我倾向于为我的满意度打 1 ～ 10 分。我的标准是，10 分是我在该领域所能达到的最高水平，即 10 分是"最棒"；相反，1 分对应的是"十分糟糕"。请注意，我将我自己对成功与满意的理解作为我的评价基础。举个例子，如果你是单身并且你很满意这种状态，那么你可能会在恋爱那一栏给自己打 10 分。

这些领域中的每一项，要么耗费你的精力，要么会成为你动力的源泉。设想一下：如果你的工作充满了压力和不确定性，同时你在这当中感受不到任何满足感，那么这势必会影响到你的个人生活；反之，如果你的事业给你带来丰厚的收入，你也十分享受你的工作，那么这会为你的其他领域提供能量，增加动力，并会产生其他的积极影响。

"用 12 周完成 12 月的工作"能将你的收入、你的物质财富增加两倍、三倍甚至四倍。同时，无论你想要在哪一个领域取得进展，"用 12 周完成 12 月的工作"都能助力你取得同等程度的进步。将"用 12 周完成 12 月的工作"运用到你生活的方方面面，然后等待那些令人激动的事情出现在我们的生活中吧！

加油！

第 2 部分
将理论和实践紧密结合

第 2 部分除了继续就基本概念进行深入解释外，还将通过十几年积累的经验，就怎样在实践中执行基本概念提供帮助。我们将为你提供已证明有效的工具、范本及窍门，来帮助你更加有效地运用"用 12 周完成 12 月的工作"，从而达成你的目标。

你将会非常希望今后的一年从今天真正地开始。

第 12 章

掌握执行体系

　　"用 12 周完成 12 月的工作"是一套执行体系，它可以帮我们实现每天的最优规划，以处理当前最重要、最紧急的事务。因此，随着时间的累积，我们就能够完成更多重要的事情。也许几天或几周并不会有什么明显的感受，但是日复一日、周复一周地累积之后，结果就会像滚雪球一样，短短 12 周便能为我们的生活和工作带来巨大变化。

　　我们也许已经注意到，在本书的第 1 部分中，我们除了将一年重组为 12 周以外，还讨论了一些基本要素。事实上，我们认为有八大要素是实现高绩效的基础。这八大要素分别为

- 愿景；

- 计划；

- 过程控制；

- 评估；

- 时间利用；

- 问责机制；

- 承诺；

- 伟大的当下。

在本章中，我们将上述要素整合为三大准则和五大规范。这种方式有助于更好地理解要素作为整体系统时的运作方式，也会使我们在持续应用时更方便。

这些准则和规范面临的挑战之一是大多数人都了解它们——但是了解和执行是两回事。如果我们学会在工作和生活中更有效地利用它们，我们也会对自己完成的工作及效率感到惊讶。

1. 三大准则

"用 12 周完成 12 月的工作"体系建立在三大准则的基础上，这些准则最终决定了每个人效率高低和成功

与否。三大准则分别为

问责机制；

承诺；

伟大的当下。

接下来让我们分别了解每项准则。

（1）**问责机制**：问责机制归根结底是自主的体现。它是一类个性特征、一种生活态度，无论在什么情况下，都愿意为个体的行动及造成的结果负责。问责机制的根本性质在于认同个人有其选择的自由，这种选择的自由是问责机制的基础。问责机制的最终目的是不断诘问自身："为了实现目标，我还能做些什么？"

（2）**承诺**：承诺是我们对自己做出的个人约定。遵守对他人的承诺可以建立稳固的人际关系，对自己遵守承诺则会健全人格，捍卫尊严，取得成功。

承诺和问责机制通常是密不可分的关系。从某种意义上说，承诺是建立在未来时间点的问责机制，为未来个体的行动或结果承担责任。培养履行承诺的能力对于个人生活和工作都会产生巨大影响。"用12周完成12月的工作"能够帮我们坚持信守承诺并达成在各个领域的突破。

（3）**伟大的当下**：正如本书中第10章所提到的那

样，伟大并不在于成果的伟大，而是在那之前，个人能够决定去做某些能够变得伟大的事情。不是成果伟大，而是这样的结果证实了我们之前做出选择时的判断。在结果出来之前，我们已经变得伟大。它通常即刻显现，既发生在我们决定去做那些使我们更伟大的事情之时，也发生在我们选择继续做那些事情之时。

三大准则——问责机制、承诺和伟大的当下——是个人生活及职业生涯成功的基础。

2. 五大规范

"用 12 周完成 12 月的工作"将影响我们的思维模式和行动方式。在行动方面，它关注利用一系列有助于成功的规范来提升能力，这是高效执行所必需的。我们发现，那些表现很棒的人——无论是运动员还是商界精英——都很伟大，这并不是因为他们有更好的想法，而是因为他们的执行规范更好。这五大规范分别为

愿景；

计划；

过程控制；

评估；

时间利用。

"用 12 周完成 12 月的工作"体系将帮助我们执行这些规范，充分利用我们的知识和能力，将其化为持之以恒的行动。

（1）**愿景**：强烈的愿景可以为未来创造一个清晰的规划。重要的是事业愿景与个人愿景相一致，并能促进个人愿景。这种结合能够建立情感上的联系，并且有助于持久的承诺和行动。

（2）**计划**：有效的计划能够使最重要的想法和行动得以明确，并使我们集中精力实现愿景。好的计划能够提高执行效率。

（3）**过程控制**：过程控制由一系列要素组成，包括各类工具和事件，它们将每日行动与计划中的关键行动结合在一起。这些工具和事件将确保我们把更多的时间花在战略性和盈利性活动上。

（4）**评估**：评估是过程的驱动。它是现实生活的支柱。有效评估将事前指标和事后指标相结合，提供综合信息反馈，有助于决策合理。

（5）**时间利用**：每件事都与时间有关。如果不控制

089
Daryl 于控制的因,而做出改变通常需要走出舒适区。

时间,就无法控制结果,利用时间时必须要有清晰的意图。

认识这五大规范之间的内在联系非常关键。如果没有清晰又强烈的愿景,那么其他规范也就不那么重要了。因为我们并不是按照自己的意愿来生活,而是得过且过,随波逐流。如果我们空有愿景却没有计划,那也只能是空想;如果我们有愿景和明确的计划,但是缺乏过程控制,那么我们会四处碰壁,因为某些时候可能会三天打鱼两天晒网;如果以上这些我们都能做到,却缺乏勇气去评估,那么我们也不会知道究竟哪些行动起作用、哪些不起作用。生活不像游戏可以加速成功的进程。最终,如果五大规范都能执行,我们却不知道想做什么,那么我们将被生活所控制。

3. 变化的情绪周期

为了执行"用 12 周完成 12 月的工作"体系,我们必须要有所改变,而做出改变通常需要走出舒适区。理解我们在面对改变时情绪变化的过程,能够使我们不为之困扰。无论我们什么时候决定改变,我们都会体验到过山车般的情绪变化。心理学家 Don Kelley 和 Daryl

Connor 在论文《变化的情绪周期》（*The Emotional Cycle of Change*）中描述了这一现象。Kelley 和 Connor 提出的"变化的情绪周期"（Emotional Cycle of Change，ECOC）包括五个阶段的情绪体验，我们将在下文分别探究（五个阶段的情绪体验基于我们的经验有所微调）。无论我们想做什么样的改变，我们都会经历这样的情绪周期。我们可以试试在变化的情绪周期中展开新恋情、添置新物件、寻找新工作或换个新环境，通常来说情绪周期都是一样的。有的时候，周期的波峰更高，有的时候波谷更低。有的时候，周期持续短；有的时候，周期持续长。但是无论什么情况，在我们决定改变之后，我们都会经历这样的情绪周期（见图 12.1）。

人们改变行为时会经历五个情绪变化的阶段：

①无来由乐观主义期；

② 知情悲观主义期；

③ 绝望谷底期；

④ 知情乐观主义期；

⑤ 成就满足期。

图 12.1 模型是我们在与使用过"用 12 周完成 12 月的工作"体系的用户沟通后，在 Kelley 和 Connor 提出

的情绪变化周期模型的基础上，对其模型进行调整和修改后所画出的新模型。

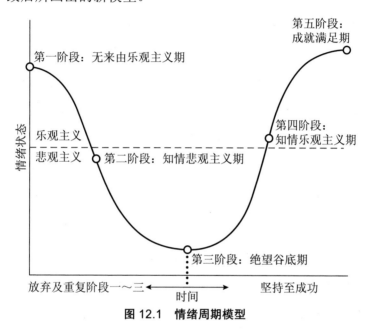

图 12.1　情绪周期模型

变化的第一阶段通常最令人激动，因为此时我们尚未付出努力，但却能设想到成功可能带给我们的一切好的结果。我们的情绪会进入无来由乐观主义期，这就是图 12.1 显示的积极情绪区域。在这个阶段我们了解变化带来的好处，但是忽视了不利因素，所以会感到非常有趣，我们会陷入头脑风暴中，去构想如何进一步实现自己期望的目标。

　　然而，这种无来由的乐观情绪并不会持续很长时间。当我们对现实情况了解得更多，知道改变需要付出的努力时，积极的情绪可能很快就会向负面转变。这便是变化的第二个阶段，知情悲观主义期，表现为从积极的情绪状态转变至消极的情绪状态。在这一阶段，我们先前设想的好处可能并不会实现或是不那么重要，抑或是不能马上享受到，但是为了改变所需要付出的努力却显而易见。我们开始质疑是否值得付出努力，并开始为放弃寻找借口。倘若我们觉得这一阶段还算不错，我们可能没有想到接下来情况会变得更糟。

　　我将第三阶段称为绝望谷底期。很多人在这一阶段都会选择放弃。为了改变所要付出的努力如此艰难，而设想的好处却遥不可及或是远没有那么重要——现在有一个快速而简单的方法可以脱离苦海：回到过去，放弃改变。毕竟我们还可以找一个借口：过去的情况也没有那么糟糕。

　　如果我们在绝望谷底期选择放弃，我们会回到第一阶段：无来由乐观主义期，这显然要比在绝望谷底期有趣得多。

　　在第三阶段——绝望谷底期——拥有一个强烈的愿

景尤为重要。几乎所有人的生命中都有某个时刻如此强烈地想要得到某件东西，我们愿意付出任何代价，克服任何困难，只为了得到它。也许是我们的第一辆汽车，也许是进入某一所我们心仪已久的大学，也许是追求我们的真命天子（女），也许是获得我们梦想的工作——无论是什么，我们都愿意走出舒适区来实现我们的愿景。如果我们能够带着激情去追逐我们的目标，遵守承诺并且做好过程控制，那么我们就能够通过绝望谷底期，进入下一个阶段。

第四阶段是知情乐观主义期。在这一阶段，我们向成功又迈进了一步。情绪周期重新回到了积极区域。我们付出的行动开始有所回报，而接下来为改变所要付出的成本也更小了，因为我们已经习惯了新想法和新行动。这一阶段的关键就是不要停下脚步。

成就满足期是变化的情绪周期的最后一个阶段。在最后阶段，我们的新行动带来的好处充分显现，而改变几乎不需要再付出什么努力。最开始认为非常艰难、令人不适的行动现在也已经习以为常。我们每次完成这个周期时，不仅可以提升我们的能力，也可以增强自信心。之后我们可以继续改变，而这一次成功的可能性会更大。

变化的情绪周期描述了改变带来的情绪变化。如果了解这个周期，我们就不会被负面情绪过多干扰，也能够更好地应对变化。

4. 封闭系统

"用 12 周完成 12 月的工作"体系是一个封闭系统，它包含有助于我们成功的一切要素。

在我们为期两天的工作坊中，我们请参与者列出获得成功的所有要素。随后，我们把这些要素挂在白板上。这份清单差不多需要 1 ～ 2 页大号白板纸才能写完，共计 20 多种要素。对这些要素进行一一分析时，我们发现每种要素都囊括在本章提到的准则和规范中。正因如此，如果我们能够很好地利用"用 12 周完成 12 月的工作"体系，我们一定会得到提升。

困难在于并不是每个人都能把这一体系作为一个整体来应用。通常人们会选择利用其中的一些要素而忽略另一些。但是系统之所以为系统，其整体的效用要远大于部分效用之和。利用其中的准则或规范我们也会有一定收获，但是只有将它们作为一个整体才能够使收益最大化，取得突破性成果。如果我们将"用12周完成12月的工作"体系作为整体来应用，它能够记录出差错的部分，自我纠正并指导我们的行动及时回归正轨。这一精巧的体系旨在为个体带来持续的提升。

同时，"用12周完成12月的工作"体系也会促进改变。如果我们以这个体系作为行动指南，它会使我们之后面对改变时更加轻松。让我们以计算机做一个类比：我们可以用钱买到最好的软件，但是如果操作系统不工作，程序就没有任何价值。这就像我们有的时候遇到打印机不工作、文件打不开或是计算机死机的情况。

如果我们以这个体系为行动指南，它也会在工作中对我们有所裨益。例如，大多数公司对于市场、销售、产品、服务、技术及其他商业环节都有各自的系统。如果没有执行体系，我们就会依赖现有的模式，因为我们对这些模式更加熟悉，更加能够掌控——特别是在我们面对变化时。"用12周完成12月的工作"体系对于我们的工作体系大有帮助，即使变化来临，我们也不会受到严重影响（见图12.2）。相反，我们可以像运行绿色软件一样轻松将其融入新系统。

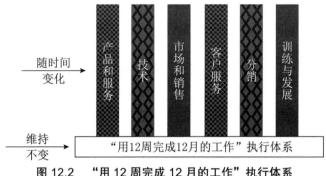

图 12.2　"用 12 周完成 12 月的工作"执行体系

人们需要稳定。在变化中我们也需要一些保持不变的东西。"用 12 周完成 12 月的工作"体系作为行动指南保持相对不变，它提供高度一致性的平台来实施构想，进行改变，却不会引起变化通常都会带来的混乱。对于个体来说，它就如同日常生活一样一仍旧贯。"用 12 周完成 12 月的工作"并不需要我们额外去做什么，而是告诉我们如何做事。

"用 12 周完成 12 月的工作"体系并不需要额外添加到我们的必做事项中。为了使这一体系长期发挥作用，我们必须以它为行动指南。它需要成为我们的执行体系。

在接下来的章节中我们会进一步讨论"用 12 周完成 12 月的工作"体系中的规范和准则。我们将提供深入的分析，可以利用工具和训练来用 12 周的时间去超越他人需要 12 个月达成的目标。

第13章

确定期望值

　　"用12周完成12月的工作"体系中做出突破的第
一步是为自己确定较高的期望值。这应当是非常有趣和
激动人心的体验。期望非常重要，因为你总会遇到有些
时候不想执行计划。为了帮助你始终保持在正轨上，你
需要一个强有力的驱动力——那就是你的期望。

　　萨尔·杜尔索（Sal Durso）是我们的老朋友同时也
是客户，他对于期望，有自己独特的见解。

　　我们多年以来一直在公司运用"用12周完成12月
的工作"体系中的规范。对我们来说，它已经成为生活
中的一部分，是我们处理事务的方式。因为有它，在遇

到困难时，我们的节奏则不会被打乱。

　　不久之前，我的公司承受了巨大的损失，一部分身处要职的顾问离职，还带走了他们维系的客户和与之伴随的利益。你或许可以想象，这对于公司来说是非常艰难的时刻。这件事对我的个人生活和职业生涯也产生了很大影响。离职的员工于我而言并不仅仅是同事，更是多年的朋友，他们的离开对我们这些留在公司的人是相当大的打击。

　　其实我本可以自我安慰自己是受害者，把所有的错都归咎于那些员工的离职。好吧，其实回忆起来，我还是有一段时间充满怨怼，想着为什么这件事会发生在我身上。但是最后，我的渴求和期望占据了上风，我希望在我的管理和经营下，公司业务能够蒸蒸日上。

　　那个夏天我迫切需要一场旅行，于是去了神奇的阿拉斯加州。在阿拉斯加，我改变了我的想法，思考那些使我过去的人生变得美好的事物：神的照拂、令人自豪的妻子和家庭，以及即将创造里程碑的公司——实现50年盈利！

　　那次旅行我们还去肯尼卡特河体验了一次美妙的漂流。我们沿着河湾行进时，遇到一片迷人的紫色花海。目之所及，花海盛放在远处的山坡上。导游告诉我们那是柳兰，一种在火烧过的土地上最先长出的野草。几年前，那片区域森林大火肆虐。柳兰花盛开代表着森林的复苏。这令我满怀崇敬，也期待着这片森林重获新生，未曾想大自然也会怀抱对未来的期望并为之奋斗。

我灵光一闪，与其陷入失去的痛苦中，不如把精力放在如何更好地经营公司、重获新生上。作为管理者，我必须要为公司确定期望值，这是我的职责所在。

回到办公室时我既轻松又激动，柳兰花已经出现，新鲜血液的注入也将让我们一步步迈向更强。我们的领导层、顾问和其他员工都认为我们的公司自从那件事以来变得越来越好。作为管理者，我明白我们共同构建并为之努力的期望是公司接下来发展的原动力。如果我们有共同的期望并为此付出，一定会获得真正的成功。也许未来我们还会遇到其他困难，但是我们的期望和信念将支撑我们战胜一切。

萨尔感受到了期望的驱动力。很多人往往没有注意到期望能够为我们带来积极行动所需的正能量情绪，甚至就像柳兰花朵盛开在火烧迹地上一样，人们也能够自我调节，重获新生。你是否也曾有类似萨尔的经历呢？又或者你目前状态不错但是希望取得更大的成就？如果符合上述情况，高期望值可以成为推动你前进的强大力量。

　　高期望值能够帮助你实现个人抱负与职业规划，并将两者相结合。通常职业期望对于个人期望大有裨益。你必须明确生活中你想要的是什么，期望才能够帮助你克服因改变带来的不适感。大多数人只关注工作或事业，但是业务只是你生活的一部分，并且事实上业务也是由人生期望所驱动的。

　　合适的期望通常超过现实情况，但并非高不可攀。就我们的经验而言，如果一开始没有高期望值，那么也不会取得多么伟大的成就。人类在各个领域的伟大成就都是先有设想，其次才有创造的产物。因此，如果你想取得成就，首先需要确定高期望值。现在我们请你为自己确立一个伟大的目标。你的期望必须要超出现实，迫使你不得不走出舒适区。

1. 不可能，可能，大有希望，基本肯定

　　然而，设想未来是一个比当前好得多的状况在我们看来往往是绝无可能的。尽管我们目睹过别人所完成的

壮举，我们也依然觉得自己不可能做到。如果你的期望要远超于你过去的成就，大多数人立马就会问："我怎么能做到呢？"在开始绝不应该提出这个问题。事实上，你肯定不知道怎么做到，因为你如果做到的话，你已经实现了目标，就不会存在这个问题。于是你会认为这是不可能的任务，然后去设定一个介于不可能到可能之间的新目标。在这种心态下，你处理事务的能力是会受到态度影响的。问题在于，如果你认为某件事不可能，那么你永远都不会做到。亨利·福特说过："无论你认为自己行还是不行，你都是对的。"想让你的期望变为现实，第一步是把思维中的不可能变为可能。问自己"怎么做"并不能实现目标，我们可以问自己"如果做到，会怎么样"。如果我可以做到，对于我自己、我的家庭、我的朋友、我的团队、我的客户及我在的圈子，会有什么不同？如果我们问自己"如果做到，会怎么样"，我们就给自己暗示了一种成功的可能性，并将它与可能带来的好处联系到一起。在我们问这个问题时，心中的渴望会更加强烈，窥见一丝未来的模样，让我们足以将之前认为的不可能变为可能。

你相信期望能够成为现实之后，"可能"就可以转变到下一阶段：大有希望。这一步需要提出我们上一阶段避免提出的那个问题：我如何能够做到？如何做并不是一个糟糕的问题；事实上，这是一个非常好的问题，但是需要掌握提出它的时机。如果过早提出，它就阻断了之后的所有可能。但是现在你已经认为期望可能实现，再来问这个问题就非常重要。如果我们把"如果做到，会怎么样？"比作憧憬，那么"如何做"就是规划。

确定高期望的最后一步是将"大有希望"变为"基本肯定"。如果你将规划落实于行动，转变会自然发生。"基本肯定"是一种强大的思维状态，所有疑问都将消除，就精神层面而言，你已经实现了最终的目标。在执行计划的过程中，你可以看到目标一步步变为现实，因此转变也会自然而然地发生（见图13.1）。

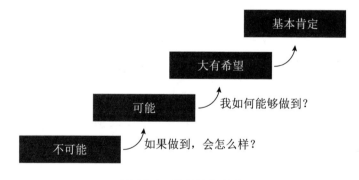

图 13.1   目标转为现实

执行之前首先需要思考。如果你认为某件事可以做到，那么你就可以。最重要的事情在于你需要相信你能够实现目标。

2. 调整期望

最好的期望能够平衡你的私人生活和工作。通常，个人期望会为你带来激情，而它正是你应对变化产生的不适和度过绝望谷底期（人生低谷）的力量之源。如果你打算做出突破，达到新的层次，你需要克服绝望谷底期的恐惧、不确定性和不适感。个人期望在你身处困境时鼓励你继续走下去。

你的期望通过调动情绪来帮助你克服困难，采取行动。如果遇到特别困难或令人苦恼的任务，可以回头看看你的期望。它将为你提供内在的力量去克服一切困难，大步前进，让你得以实现自己的梦想和追求。

个人期望依据时间范围可以分为三种类型：

长期目标；

中期目标，大约未来三年内；

12 周（下章谈论内容）。

（1）**长期目标**。让我们先谈谈长期目标吧。确定期望值时，你必须考虑到日常生活中那些未引起注意、不太现实或过于大胆的想法。现在花几分钟时间思考你想拥有、想去做的事情及你想成为什么样的人。物质上、精神上、情感上、人际关系上、经济上、职业上及个人层面上分别有什么对你来说是最重要的？你想要多少空闲时间？你想要获得多高的收入？用一张纸写下你可以想到的所有事情，不要漏掉任何一件事。

现在，从你写下的那张纸上找到一些与你有情感共鸣的事情，用它们分别构建你对 5 年、10 年和 15 年的期望。大胆一些，鼓起勇气，确定能够激励你并满足你想法的期望值。答案没有对错之分。这就是你想要的生活。

长期目标

- _____
- _____
- _____
- _____
- _____

- _____
- _____
- _____

（2）**三年期望**。既然你已经设想了你生活中的各种可能性，现在让我们更具体一些。基于你的长期目标，你在未来三年里希望做些什么？试着尽可能具体地描述自今天之后的三年里你所渴望的个人生活和职业生活图景。在这个阶段你描述得越具体，接下来创建你的12周目标和规划就会越简单。

三年期望

- _____
- _____
- _____
- _____
- _____
- _____
- _____
- _____

3. 思维转换

　　期望从根本上来说是一项思维训练，但是你看待期望的方式将会影响你利用它及从中获得好处的程度。

　　对期望最广为人知的成见就是认为它在实现成功的公式中不占任何分量，对于结果毫无助益。现在你知道事实完全不是这样。如果我们运用得当，期望就是成功火箭的点火器和能量源。期望是驱动你行动的根本原因。当我们这样想的时候，期望能够让我们勇于面对乃至克服恐惧，采取大胆而持续的行动，过有意义的生活。

　　从将期望视为空物到视为先驱之母是我们思维的根本转换，也会带来巨大的好处。如果你理解期望的真实力量，你会希望花更多的时间将个人期望融入生活，从阻止你前进的枷锁中解脱。期望是一切伟大成就的起点。

4. 团队应用

　　期望通常是针对个人的训练，但是管理者也可以采取一些具体措施帮助下属更有效地利用他们的期望。期望可以充当绩效培训的敲门砖，因为它能够培养主人翁意识。如果你的下属充分发挥期望的主人翁意识，那么帮助他们确立目标、制订计划也会更加轻松。这是非常关键的一步，如果没有这一步，目标和计划都将是为你打造的，而不是他们的。

在你的团队中进行一对一的交流，回顾每个人的期望。征求他们的许可，然后和团队的所有人分享职业期望。探究职业期望对他们重要的原因，探索实现工作上的目标如何对他们的私人生活产生影响，询问他们对于主人翁意识的看法及他们与期望之间的情感联系。

揭示主人翁意识强弱的参考问题

- 为什么期望中的这些事情对你来说很重要？
- 如果你实现了你现在还未能实现的期望，你会做什么？
- 如果实现了目标，你的家人、朋友、同伴、客户及你所处的圈子分别会有什么不同？
- 你是否愿意承诺付诸行动以实现你的期望？
- 你还与谁分享了你的期望？
- 自从你写下期望，你多久回顾一次？

- 为了向期望迈进及实现 12 周目标，你必须要做的事情是什么？
- 你在实现目标的过程中可能遇到的风险或障碍有哪些？
- 你能够为你实现目标和期望做些什么？

一旦他们对于期望具有清晰的主人翁意识，下一步就是帮助他们制订行动计划。本书第 14 章的 12 周规划将指导你处理"怎么做"这个环节。

对直系下属的一对一指导环节（我们推荐你至少一月进行一次）可以由关于他们期望的谈话开始。他们是否一直取得进步？与他们讨论是否有意愿每天采取必要的行动以实现目标。如果他们不愿意采取难度较大的行动，让他们明白这样的结果是无法实现长期目标。畏难情绪与主人翁意识相关。如果个体不愿意采取必要的措施实现目标，这表明他 / 她当前所处环境要比他 / 她期望中设想的未来情况更加舒适。在上述这些情况中，人们可以有很多选择：要么降低对生活的期望，要么鼓起勇气、遵循规范来持续执行计划。好在面临这项选择时，你的团队成员往往可以重新确定高期望值而不是甘于平庸。

5. 团队期望

领导者需要为公司、部门或团队确定期望值，这一点非常重要。这并不是指在墙壁上悬挂的标语口号或者诸如此类的东西。团队期望与个人期望很相似，因为它是未来团队希望实现的目标。作为一个团队，你需要将最重要的几个目标像打桩一样固定在地上。最有效的方式是团队成员实现个人期望之后再合作确定共同的团队期望。

确定团队期望可以运用确定个人期望时类似的步骤。首先，让全体成员头脑风暴，设想公司或是办公室将来的图景，设立长期目标；其次，尽可能具体地描述期望并赋予相应的价值；再次，让每个人在团队内分享自己的想法；又次，缩小时间范围，确定三年目标；最后，共同努力确定期望中需要包含的元素和需要剔除的元素。

6. 常见误区和成功诀窍

请注意避免以下四大常见误区。

误区 1：未充分发挥期望的力量。

有些人认为期望是空谈，尤其是那些原本优秀的人更是如此。他们认为期望就是指跳过对于目标的疑问而直接付诸行动。但若如此，在遇到困境时，将更难长期坚持下去，因为没有令你热血沸腾的理由、没有足够支撑你走下去的动力。与此误区相关的举动包括未能将期望作为追逐的目标、未能制订相匹配的计划及不记得期望的内容。

误区 2：期望对你来说没有意义。

有些时候我们确定期望时流于表面。我们紧紧抓住了那些自己认为想要的东西——我们认为我们应该想要这些——而不是那些对我们有意义的事情。确定期望需要花费很多时间，你需要一直完善它直到与它有情感共鸣。

误区 3：期望过于狭隘。

狭隘的期望并不会让我们全力以赴地付出。我们并不需要实现狭隘的期望，也不必走出舒适区。狭隘的期望可以变为现实，但是我们无法发掘更好的自己。为了实现更好的效果，你的期望应当给你带来不适感，改变你处理事务的方式——去做一些不一样的事情。

误区 4：未将期望落实于日常行动。

确定期望之后，每天要么取得进步，要么停滞不前。

如果你依据你的期望执行计划，那么你可以肯定每天做的都是最重要的事情。

调整好你的期望并核查是否避免了以上常见误区。现在，以下有三大诀窍帮助你提升期望对你的影响力。

诀窍1：与他人分享。

与他人分享你的期望能够督促你遵守承诺。你告诉别人生活中想做到哪些事情后，你会感到更有责任去落实行动。

诀窍2：始终铭记期望。

将你的期望打印出来并注意保管。每天早晨重新审视一遍并在你想到更有意义的内容时及时更新。

诀窍3：有目的地生活。

每天晚上，花几分钟时间思考今日所取得的进步。今天你是否向前迈进？今天你所做的事情是否有助于实现你的期望？坚定地带着目的行动，向你的目标进发。明天你将采取哪些行动？

第 14 章

制订你的 12 周计划

本章将引导我们制订第一个 12 周计划。在制订计划之前，我们首先需要明确我们的期望。如果我们还不确定，请仔细阅读本书第 13 章，并以此为指南确定行之有效的 12 周目标，制订切实可行的计划来实现目标。

1. 计划的好处

如果我们的工作并不是墨守成规的，那么我们一定会赞同计划的重要性。计划可以使你事先安排好时间和资源来做高附加值的事情，增加成功达成目标的概率，实现与团队更好的合作，并带来无与伦比的优势。

尽管事实证明了计划的重要性，但并不是所有人都会这样做。其中一个原因是很多人认为一切贵在行动。认为贵在行动当然没有什么错，但是它也有可能成为有效执行的绊脚石。我们可能变得不耐烦，做事情希望能够越快越好。我们需要时间去制订有效的计划，而计划也需要我们付出努力才能实现。它听起来似乎有些违反常理，但是先花时间制订计划，我们完成任务的总体时间和所要付出的努力就能大大减少。

另一个原因是大多数人认为自己心中已经有想法了，如"我已经知道自己需要做什么，何必要计划再提醒我一遍呢"。从表面来看，这似乎很有道理，但是事情往往不是如此，人们的设想和实际的行动之间存在差异。举例来说，很多人希望减脂塑形，事实上他们都知道需要节食和锻炼，但是大部分人并不能做到，因为仅仅知道需要做什么还不够。世界纷繁复杂，总有一些意想不到的情况发生，总有各种事情吸引我们的注意力，我们内心固有的对舒适的渴望会成为绊脚石，我们会因丧失专注力而无法完成应该做的事情。

想提高成功的概率，非常重要的事情之一就是制订书面计划。

12周计划带来的好处不仅体现在工作中。精心制订的书面计划几乎可以给我们生活的方方面面带来积极影响。麦克安德鲁斯（McAndrews）带来了一个关于他儿子和"用12周完成12月的工作"的小故事。

我的儿子凯文（Kevin）在美国路易斯安那州立大学（LSU）读大四。几年以前他很难在学校、兄弟会及足球队之间做到平衡。圣诞节放假期间，我教会他"用12周完成12月的工作"体系中的基本准则。第二个学期开始，他建立了清晰的目标并为之制定了相应的策略。自那以后，他每周日晚上都会给我发一周计划，有的时候会加上那一周特别能激励他行动的因素。他的成绩有所提升，对目标更加专注，行事更有条理，也开始理解"伟大的时刻"这个词。

2. 局势改变者

运用"用12周完成12月的工作"体系能够提升时间的价值。在12周内，每天都向我们的目标迈进。当一年浓缩成12周时，每一刻的价值都得到凸显。所以，运用该体系的好处之一就是学会当下开始行动，因为做好当下就是在构建未来。

活在当下可以通过两种不同的方式实现——要么被动要么主动。如果我们被动活在当下，我们可能会做一些不太理想的事情，因为我们行为的驱动力受外在影响——电话响了，邮件来了，新任务出现了，有人在敲门，然后我们就开始处理这些事情。因此，我们很难了解当下最有价值的事情是什么，因为我们并不是在好与坏之间做选择，而是在高附加值和低附加值的事情之间做选择，这一区别在当下并不是特别明显。

这就是12周计划的意义所在。计划基于行动制订，我们不需要外在条件迫使我们去做某件事，计划本身会指导我们的行为。具体去做什么事情是在我们制订12周计划的一开始就已经主动选择好的。简言之，12周计划指导我们每天都去做正确的事情，最终能够更快地实现目标，达到更好的效果。

12周计划的另一个好处，就是它持续关注影响目标实现的几个关键性因素。在12周内，我们不可能有效地完成很多不同的事情，这是很简单的道理，因为没有足够的时间去做。所以，12周内我们只需要专注于对完成目标最重要的几项行动。

我们也将受益于 12 周计划的这种短周期。时间跨度短可以减少不确定情况的发生，我们也能够更有效地制定具体行动。年度计划通常无法加入具体的行动，因为几乎不可能去预计 4 个月及以后要做的事。这就是"用12 周完成 12 月的工作"体系的深刻意义。

由于不确定因素越来越多，大多数年度计划都以目标为基础，也难以完全执行。通常，年度计划会告诉我们需要实现什么目标，却并不会具体规划如何去做。如果不清楚如何去做，就无法确定自己的能力范围，所制订的计划很容易心有余而力不足。

12 周计划中每周和每日的行动指南也会让我们执行起来更容易。当我们的计划具体到行动的程度时，那么我们就离成功不远了。

我们的朋友帕特里克·莫林（Patrick Morin）讲述了他自己制订 12 周计划的故事。

最开始我加入"用 12 周完成 12 月的工作"的动力是想挑战减重 38 磅。体系中的阶段性目标、战略和技巧都非常适合用来解决让我倍感头痛的体重问题，也为我提供合适的方法去准备铁人三项运动。在目标实现之后，体重减轻的愉悦萦绕在我的心头，于是我就寻找其他方式来运用"用12周完成12月的工作"体系。

那时我们正攒钱创业，想做一家医疗公司。我们从1月正式开始，准备所有需要的文件和产品。整个过程要比之前预计的更长，所以我们只能继续进行内部投资。创业既消耗着资源，也消磨着我们的耐心。

那时，我觉得把"用12周完成12月的工作"体系运用到创业中似乎再合适不过了。

7月上旬的某个周一，我召集了高级职员一起拟订计划。关键目标非常明确——为了实现我们的想法（创立公司），我们必须完成私募融资备忘录，并在接下来的12周内筹集资金。当时的经济形势非常严峻，总之，很难找到投资者，即使能找到也需要付出艰巨的努力。

公司的目标非常明确，下一步就是制订12周计划以获取投资。我们必须忘记之前6个月的艰苦，全身心投入接下来的12周。

凭借"每天都是一周"的口号，在第一周里我们完成了100页的私募融资备忘录。我们将它交给法律团队核查，一周以后法律团队告诉我们顺利通过。那时我们真正感受到自己充满力量。

通过每个人的社会关系网络，我们找到了大量投资者，并在 10 月 10 日完成了第一轮融资！

这股力量延续到我们之后的发展，我们将 12 周计划应用到接下来的每个项目中。公司发展的节奏受到了投资者、员工及政府官员们的称赞。

3. 好计划有助于落实行动

试想一下这种情况：我们自驾环游全国，用的旅游指南方向混乱不清，把一系列步骤简略成一步，还漏了大部分景点。这时候我们可能很想给做这份指南的人一记耳光。于是，我们要么停车去买一份更好的指南，要么沮丧地放弃旅行选择回家。

这件事听起来可能很蠢，但是如果我们知道有多少人做的商业计划就像混乱的旅行指南一样，我们也会大跌眼镜！我们时常能看到存在很多问题的计划，如缺少步骤，把复杂且耗费时间的流程简单地归到一起，行动也没有先后次序。更糟糕的是，很多时候计划只是想法的堆砌，却没有实现目标的具体措施。这就好比如果我们从迈阿密开车到芝加哥，指南上说"上车，朝芝加哥的大概方向开"一样。像这样的计划屡见不鲜，无法对行动形成有效指导。

制订切实可行的12周计划是在12周内取得成就的关键所在。计划中包括12周内我们每周需要采取的行动以最终实现目标。

4. 长周期能力建设与短周期即时激励

计划既可以注重能力建设，也可以在短期内看到成果。每个计划都应该设定目标，以在12周内有所收获。如果是为我们的生意制订计划，这意味着12周内我们的收入需要达到某种程度。

有些计划注重能力建设，其目的包括继续求学、招聘职员、更新技术、实施新体系等。能力建设一开始就需要付出努力，投入资源，但是成果却不能立即显现。因此，在我们的计划里包含一些短期就能看到成果的行动非常重要。

5. 有效的计划结构

如果想取得成功，计划的结构也非常重要。好计划通常都有合适的目标。如果我们的目标不是特别具体或难以量化，那么计划也会变得模棱两可。我们的 12 周目标越具体，越可以量化，计划就越切实可行。

很多人的 12 周计划都包含 2～3 个目标。举例来说，我们的 12 周目标其中一个可能是减重 10 磅，另一个是在新业务上收入 105000 美元。我们制订计划时需要考虑为两个目标拟定相应的战术。减重战术是针对我们达到理想体重的一些具体措施。如果我们想减重，战术通常是限制每天卡路里摄入在 1200 卡以内，每周做 3 次 20 分钟的有氧运动。把我们需要的战术以动词开头写一个完整的句子。我们写下目标和战术时表述的方式非常重要。实现收入达到 105000 美元需要一系列战术。

以下五大标准将有助于拟订 12 周计划中的目标和战术。

标准 1：描述具体，易于量化。

每个目标、每项战术都尽可能量化并限定成功的标准。我们需要打多少电话？我们需要减重多少磅？我们需要跑多远距离？我们需要赚多少钱？越具体越好！

标准2：采用积极的方式描述。

描述我们希望发生的积极结果。举例来说，不要说2%的错误率，我们可以说98%的正确率。

标准3：确保可行性。

如果我们不需要任何改变就可以实现这个目标，那么我们可能需要重新拟定。如果目标根本不可能实现，那我们需要回归现实。如果我们在职场上从未向客户提出转介绍的需求，那么下面的战术如"与每个客户交流时都要求转介绍"可能就非常难以实现。一个更符合现实情况的战术可以是"每周至少向一个客户提出转介绍"。

标准4：明确责任。

这一标准适用于在团队中执行计划（如果我们独立执行计划，那么责任全在我们一人）。每个目标和战术都明确责任分工非常重要！一个和尚挑水喝，三个和尚没水喝！

标准5：设立时间限制。

截止日期能够督促我们开始行动并坚持下去。确保设定目标的达成日期，否则我们的战术将不会落实行动。

除了上述的这些标准，还需要将每项战术以动词开头写一个完整的句子，确保在截止周内可以完成。

图 14.1 是 12 周计划的一个示例。

12 周目标	
新业务收入 105000 美元 减重 10 磅 增进与 Carol 的感情	

目标：新业务收入 105000 美元	
战术	截止日期
确认能在接下来 12 周内把握最重要的业务（至少价值 10000 美元）	第一周
联系至少 5 个潜在客户并在一周内完成，每周安排 3 次面谈	每周
进行每周至少两次的新客户签约	每周
建立文件夹并在其中记录每一笔业务的后续步骤	每周
跟进潜在客户，频率一周一次	每周
展示销售轨迹图，保持每周更新	每周
回顾每周成果并检查计划是否需要调整	每周

目标：减重 10 磅	
战术	截止日期
摄入卡路里数每天不超过 1200 卡	每周
做 20 分钟有氧运动，每周 3 次	每周
饮水达到每天 6 杯	每周
做力量训练，每周 3 次	每周
加入健康俱乐部	第一周

目标：增进与 Carol 的感情	
战术	截止日期
选择某个晚上与 Carol 单独约会，每周一次	每周

图 14.1　12 周计划示例

6. 制定我们的12周目标

确定好目的地我们才能出发。有效的计划必须有思虑周全、具体、可量化的 12 周目标——如果实现它，对我们来说大有裨益——它能够为我们带来很大的改变。

12 周目标就像我们的期望和计划之间的一座桥梁。我们的 12 周目标对我们来说必须是具有可行性但需要有所付出才能实现的。如果它不可行，那么我们会非常失望；如果我们不需要努力就可以达到，那我们根本不需要"用 12 周完成 12 月的工作"体系，因为我们现在行为处事的方式就可以实现目标。

现在该设定我们的 12 周目标了，把它与我们的长期目标相结合，体现我们在接下来 12 周里可以取得的成果。第一步请翻阅第 13 章回顾我们的长期目标和三年目标。想一想我们愿意在 12 周做到哪些事情。一旦决定我们的 12 周目标，立即写下来。

12 周目标

- _____
- _____

■　＿＿＿＿＿＿＿＿＿＿＿＿＿＿＿＿＿

■　＿＿＿＿＿＿＿＿＿＿＿＿＿＿＿＿＿

最佳的 12 周目标应当是切实可行但需要我们尽最大努力才能实现的目标。

为什么 12 周目标对我们来说很重要呢？如果我们实现了目标，会带来哪些变化？

＿＿＿＿＿＿＿＿＿＿＿＿＿＿＿＿＿＿＿

＿＿＿＿＿＿＿＿＿＿＿＿＿＿＿＿＿＿＿

＿＿＿＿＿＿＿＿＿＿＿＿＿＿＿＿＿＿＿

＿＿＿＿＿＿＿＿＿＿＿＿＿＿＿＿＿＿＿

＿＿＿＿＿＿＿＿＿＿＿＿＿＿＿＿＿＿＿

＿＿＿＿＿＿＿＿＿＿＿＿＿＿＿＿＿＿＿

7. 制订我们的12周计划

现在是时候制订我们的第一个 12 周计划了。计划是实现目标、抵达终点的路线图。最好的计划通常需要专注于在接下来的 12 周内我们想做到的 1 ～ 2 件事情。目标个数越少，行动越集中，计划越容易付诸行动。

乔治·巴顿（George Patton）说过："今天的好计划胜过明天的完美计划。"不需要过度分析我们计划的细节。不要担心计划还不够完美——世界上不存在完美的计划。只要制订一份合适的计划，执行战术时我们会发现哪些起到的作用最大，之后也可以完善我们的计划。

记住，从根本上说计划是用来解决问题的。我们的计划将指导我们如何填补今日所取得的成就与 12 周目标之间的沟壑。

首先请写下我们的第一个 12 周目标作为目标 1。把每个目标单独写下来。我们可能只有一个目标，那也没什么关系。接下来，列举为了完成每个目标所需要的最关键的每日行动和每周行动。我们可以头脑风暴，把我们能够想到的所有事情写在一张纸上，然后从中挑选其中对目标影响最大的部分。有些时候周期内可能会需要重复的行动（如"每天锻炼"），而有些行动 12 周内可能只出现一次（如"加入健康俱乐部"）。将我们决定执行的这些行动分别以动词开头写成完整的一句话。最后，在"截止周"这一列写下我们打算执行行动的具体周数（1 ～ 12）。

目标1： _____

战　　术	截　止　周

目标2： _____

战　　术	截　止　周

目标3： _____

战　　术	截　止　周

在写下计划之前，问自己几个问题：

■ 哪些行动我们可能感到困难？

_____

_____

_____

_____

_____

■ 我们将采取哪些措施克服困难？

_____

_____

_____

_____

_____

8. 思维转换

如果没有书面计划，我们执行起来会非常困难。我们看待计划的方式将会影响我们计划的质量及 12 周可能取得的成果。让我们看一些常见的思维障碍，它们可能会成为我们完成计划的"拦路虎"。

很多人都明白制订计划就应当去实施，但是如果之前他们曾有不把计划付诸实践的经历，那么他们不会花时间去做一份书面计划。如果我们之前也有这样的经历，请记住 12 周计划与我们之前的都不一样。12 周计划专注于我们每周需执行的最关键的行动以实现目标。行动是决定一切计划的关键。我们无法完全按照一份典型的 12 个月计划采取行动，但是我们能够做到执行 12 周计划。

另一个思维障碍在于有人认为没有足够的时间去规划。这种想法很常见，但其实是错的。多年以前我参与过一项非正式调查，结果恰恰证实了规划带来的时间效益。如果我们在着手处理一项复杂任务之前花时间好好规划，那么完成这个任务总体上会节约 20% 的时间。

9. 团队应用与规划

作为团队领导者，让所有成员加入"用 12 周完成 12 月的工作"体系会使团队焕然一新。试想一下，团队成员都拥有自己的期望和 12 周目标，如果他们都能采取持续行动，周复一周地完成高附加值的任务，对我们来说情况是否也会有很大改变？

作为管理者，我们可以在以下方面帮助团队成员尽快融入"用12周完成12月的工作"体系并为他们带来很大改变。第一步是请他们阅读本书并细读期望和规划模板。在建立他们自己的期望和计划之后，分别与他们进行一对一交流，讨论他们的12周目标和计划。交流的目的在于完善他们的计划，并帮助他们更好地实现12周目标。

在与团队交流时，以12周目标作为谈话切入点。他们是否真的想实现该目标？或只是对目标感兴趣？目标是否可行？是否需要他们付出努力？他们是否相信自己能够实现目标？如有必要，对于他们目标的调整提出适当的建议，但是一定要注意，目标是他们的而不是我们的，切勿过分干涉。

完成12周目标的设定之后，我们可以为他们提出建议，注意让计划围绕有限数量的目标制订，每个目标所需要的战术做到少而精。参考本章拟定目标和战术的五大标准，帮助他们完善计划。

无论我们是领导者还是团队成员，有时需要在团队内创建共同的目标和计划。有效的团队规划能够比个人计划更有效地发挥个人能力，利用资源。

团队规划类似于个人规划，但是需要注意团队应建立共同的目标和计划。请团队所有成员都为 12 周目标提出自己的看法。最后确定团队目标时确保每个人都参与，明确责任分工。

下一步则是通过头脑风暴确定达成每个目标所需的战术。随后，确定少数能够帮助目标达成的战术。

如果有多人合作完成某个目标，那么必须把每项战术精确分配到个人。明确责任分工有利于驱动团队更好地落实行动。如果团队中某个目标的战术需要由一大批成员完成，那么把大目标分解为小目标再细化到每位成员身上会更有效率。举例来说，如果团队的战术是每周组织 20 场客户拓展会议，有 4 人负责，那么最好让每个人负责 5 场。

最后，针对团队规划还有以下两条建议：第一，不要过高估计团队的能力。最佳的团队计划应当简明扼要地列出实现团队目标的行动——那就够了。第二，不要提前实施计划。如果可以的话，请尽量在 12 周内均衡地安排计划内的行动。

10. 常见误区及规避技巧

请注意避免以下五大常见误区。

误区1：12周计划与长期目标不匹配。

12周计划与长期计划的匹配非常重要。设定目标时需要确保我们的计划与期望有所联系，在完成这个目标后可以向期望迈进。

误区2：12周计划目标分散。

12周计划一定要目标集中。如果我们设定太多目标，那我们就有太多需要优先处理的事情，战术太多也无法有效执行。如果每件事都最重要，那没有任何意义。我们需要挑选出对我们来说最重要的事情，而不是全部事项都加入我们的计划。将精力只放在少数关键领域的确需要做出抉择的勇气。请记住，每个12周都是完整的一年。设想一下每个12周我们都能实现1～2个关键目标，然后还可以继续保持热情和专注追逐其他目标。

误区3：确定战术时不加以筛选。

为了确保实现目标，针对每个目标提出8～10项甚至更多的战术并不少见。在大多数情况下，运用我们能想到的所有战术其实是没有必要的，而且事实上它们可能会成为阻碍。头脑风暴时尽可能多地想出所有战术的确有所帮助，但那不意味着我们需要把它们都加入计划。如果执行太多战术，很可能会让我们心力交瘁，喘不过气来。不过还是要记住，战术的多或少并不是绝对的。为了实现目标，制定战术的原则是越少越好。如果我们完成目标只需要四项战术，那就没有必要执行五项。头脑风暴要尽可能多地列举，然后从中选择最关键的几种即可。

误区 4：未坚持简明原则。

规划本身可能也会非常复杂。在某些公司，整个部门不遗余力地制订计划。"用 12 周完成 12 月的工作"体系旨在使制订计划更简单。如果我们觉得规划太复杂了，那我们的感觉很可能是对的。只需要专注于少数几个关键领域及为了实现目标所需要的行动即可。

误区 5：计划毫无意义。

我们的计划必须围绕最重要的事情展开，否则在实施阶段对我们来说会没有什么动力。通常人们设立的是他人觉得重要的目标。尽管计划没必要太复杂，但是也不能过于简单。如果计划对我们来说没有意义，那在执行的时候我们可能也会比较痛苦。请确保我们的计划专注于最重要的几个方面。

第15章

设置过程控制

"用 12 周完成 12 月的工作"体系第一步引导我们
确定期望，依此设定 12 周目标，再以目标为基础制订
12 周计划。那么接下来需要考虑的就是过程控制。

迈克·泰森（Mike Tyson）说过："事前再怎么计
划也很难预测对手的攻击。"过程控制指的是辅助我们
完成计划的一系列方法和活动，即使遇到突发情况，它
也能够掌控局面。

1. 确保完成任务

只有期望和计划还不够。如果我们的目标和计划是

为了获得更好的成绩，那么我们很可能需要具体的战术，它们对我们来说是全新的行动。全新的行动几乎都会带来不适感，而这也正是令改变非常困难的原因之一。某些行动可以收获更好的结果，但知道是一回事，真正能坚持去做又是一回事。如果没有外在环境条件和内在激励体系，坚持下去就成了一项对毅力的考验。偶尔依靠毅力是可以的，但是研究显示，毅力也会疲劳。正如所有人都经历过的，有时我们有毅力坚持，有时却没有。

如果我们想去做一件我们有能力做到的事情，单纯凭借毅力也是不可取的。过程控制中的方法和活动可以创建激励体系，从而增强毅力并在某些情况下取代毅力。我向你保证，即使是像菲尔普斯这样拿到金牌比其他任何奥运会运动员都多的人，也会遇到他不想下泳池甚至不想在体育馆训练的时候——但是事实上他仍然坚持训练。这是因为他有合适的激励体系，使得他下泳池要比不下泳池更轻松。如果我们想变得伟大，我们需要像他这样的激励体系。在这样的情况下，无论是否保持自律，我们都能确保执行计划。

我想和你分享构成激励体系基础的两大要素。第一大要素是周计划。

2. 周计划

　　周计划能将 12 周计划有效分解为每日和每周行动。它可以有条理、有重点地安排我们的一周，成为我们每周的行动策略。周计划并不是我们通常意义上的待办事项清单，它其实是某周内为了实现我们的目标所需要采取的战略性举措。

　　记住，周计划是 12 周计划的一部分。它不是我们根据每周的紧急情况而制定出来的方案；相反，周计划的内容是按照截止日期分别在每周填上 12 周计划中的战术。这能确保周计划只包含关键性、战略性举措。因为周计划取决于 12 周计划，与我们的长期目标挂钩，所以我们可以确信包含在周计划中的行动即是本周最重要的部分。如果使用了计划中的这些战术，我们就度过了非常有意义的一周；反之，我们在这周就没有取得任何成果。我们需要清楚地了解每周不仅会带来很大影响，而且还是对人生的改变。

　　图 15.1 所示是一份来自我们网站上"成就"系统的周计划示例。示例列出了该周的每个目标和与之相关的

当周截止的战术。我们强烈推荐大家打印这些关键行动
并把它们放入日程表。打印出来的周计划可以用来安排
每天的行动，确保本周能够完成任务。

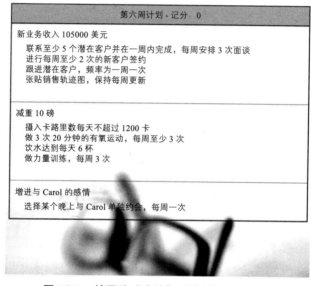

图 15.1   某网站"成就"系统的周计划示例

我们的周计划是有效执行的基础。它包括为了实现
12 周目标我们每周所需要采取的行动。

3. 不要单独行动

过程控制的第二大要素是同伴激励。在美国著名商

业杂志《快公司》2005 年 5 月刊上有一篇引人入胜的文章，标题为"要么改变，要么死去"。文章中提到一项在患严重疾病的病人间开展的研究，他们必须要改变生活方式才能继续生存。然而令人遗憾的是，12 个月之后，90% 的病人恢复了之前的生活方式，这基本宣判了他们的死刑。面对近在眼前的死亡的威胁，仍然有如此多的人无法坚持做出改变。

第二组的成功率远高于此——几乎是第一组的七倍。第二组的病人加入了同伴激励环节，改变成功率近80%；第一组无此环节，仅有 10% 的成功率。这些数据让我想起了原夏洛特黄蜂队老板乔治·辛恩（George Shinn）说过的话："没有人能够单凭自己成功。我们必须在他人的协助下才能实现目标。"第二组具有同伴激励环节，定期碰面并互相分享取得的进步、经历的困难和面对的挑战。通过彼此鼓励，他们通常能够坚持下去。我们从中学到的经验是如果我们想改变，不要单独行动。如果我们可以采用同伴激励的方法，成功率会增加 6 倍。

在过去十年与成千上万的客户交流中，我们发现了同样的规律。如果客户在一个小组内与同伴以固定频率见面，他们会取得更好的成果；如果没有，则会差一些。

我们推荐大家组成一个 2 ～ 4 人的小组，达成约定，每周定时会面。我们把这类会面称为每周责任汇报会，简称周报会。假设我们已经阅读了承担责任相关章节的内容，那么我们就会明白，周报会不是要让大家对彼此负责，而是培养个人的责任感以持续地执行自己的计划。

周报会是过程控制中的关键环节。它通常在周一早上每个人都安排好一周行动之后举行，是一个 15 ～ 30 分钟的简短会面。这不是一个惩罚环节，不是要求别人负责、承担负面后果或狠狠斥责那些踌躇犹豫的人。周报会是直面挫折、肯定进步、关注重点并激励行动的环节。

大部分周报会大体遵守以下标准议程。只要我们专注于行动，就可以根据需要自由修订内容。

每周责任汇报会

Ⅰ.个人汇报：每个成员汇报他们如何根据目标跟踪进度、执行力度如何。有四大方面需要注意：

a. 到目前为止我们在 "以 12 周为一年" 体系中所取得的成果；

b. 我们的周计划执行得分；

c. 对接下来一周的打算；

d. 从组内获得的反馈和建议。

Ⅱ.成功技巧：以小组为单位讨论计划中进展顺利的部分，以及如何将成功技巧融入其他计划中。

Ⅲ.激励。

周报会的形式非常直接。每个人有几分钟时间向小组汇报：对到目前为止我们取得的成果做出评价。我们是否坚持执行计划？是否提前实现目标或者落后于计划进度？下一步，告诉其他成员我们的周计划执行得分（第16章将指导我们如何计算得分）。然后宣布自己对本周的打算，因为这些将影响到我们接下来的行动。最后，小组针对我们的汇报提出质疑，对进步表示祝贺，为我们提供反馈和建议。在每个成员汇报完毕后，针对小组成员进展顺利的部分可以讨论如何将其化用到其他计划和目标中。结束本次周报会时，激励彼此新的一周也能收获满满。

莱斯里·里兰伯格（Lezlee Liljenberg）利用她小组的周报会作为切入点，重新设计团队的时间分配。以下是她讲述的故事。

总的来说，执行12周计划让我们更加明白每天的重要性！开始的时候，我们让每个成员选择一个感兴趣的部分，然后各自制订相应的行动计划进行自我提升。"用12周完成12月的工作"周期结束时，我们评估之前的情况，并做出调整以实现必要的目标。

周报会大概是我们行动中最成功的一部分。当团队成员开始评估他们一周所取得的成果时，他们更能意识到时间的分配情况。

我们决定在每个职员身上花一天时间观察，只专注于他们如何度过一天。观察时我们可以了解他们在什么地方、以何种方式消耗时间。这也帮助我们在分配那些产出比不上耗时的任务时能够做出更明智的决定。有些任务的投资回报率表明根本不值得去花时间，那么这些任务就没有存在的必要。如果我们不是每周以团队来核查、回顾我们取得的进步，我们可能永远不会这样做。

摆脱年度化思维让我们明白必须用更少的时间实现目标，周报会帮我们做到了这一点。团队的领导者有义务确保"用12周完成12月的工作"体系始终保持在正轨上，团队不会偏离期望和计划。我的建议是：加入周报会，坚持计划，这个体系会起作用的！

4. 每周例行事项

实现 12 周目标的唯一方法是每天都坚持执行计划。周计划和周报会是"三步走"中的前两个步骤,最后一步是每周例行事项。每周例行事项浅显易懂,但能确保我们每周都能执行计划,完成目标。

每周例行事项包括以下三个简单却能产生巨大影响的步骤:

（1）每周记分;

（2）每周做规划;

（3）加入周报会。

步骤1:每周记分

第 16 章将介绍"用 12 周完成 12 月的工作"体系通过一周分数卡使我们有效地评估我们的执行情况。记分比起其他任何手段都更能证明我们获得的成功。作为我们的每周例行事项的一部分,我们每周都需要花费几分钟时间为我们的行动的执行情况记分。如何计算这些分数的详细内容会在第 16 章介绍,目前我们只需要了解这是每周例行事项中非常重要的一部分即可。

步骤 2：每周做规划

到目前为止，我们探讨了制订和执行周计划的重要性。如果使用我们网站上的"成就"系统，它会自动将每周到截止日期的战术填入我们的周计划；如果我们使用线下工具如"徒手画"，我们需要参考我们的 12 周计划，把对应周截止的战术填入我们的周计划。我们可以选择以上两种方式中的一种，不要无计划地开始我们的一周。

每一周我们需要花费大约 15 分钟为上一周记分，规划下一周。大概70%的客户选择把这项工作作为周一早上的第一件事来完成，还有30%的人大约在周五下午到周一早晨之间的某个时间完成。具体在什么时间并不影响，只需要固定下来，每周在同一时间完成即可。

步骤 3：加入周报会

就像上文提到的那样，如果我们以固定频率与小组的同伴会面，实现目标的可能性会极大增加。制作一份名单，最终选定加入周报会小组的同伴，然后联系他们确定一个固定的时间会面。确定会面方式是线下碰头还是电话交流。让每个人都把周报会加入日程。

5. 思维转换

通常人们会设想，既然他们已经知道需要做什么，那么就不会再从周计划中获得什么好处。基于大量研究及我们与成千上万客户相处的经验，事实并非如此。停留在脑海里的计划并不如书面计划有效。根据我们的经验，如果我们拥有书面计划，那么要比停留在头脑中的计划多 60% ～ 80% 的可能性去执行。

书面计划减少了模糊性，使计划本身清晰明了。对于某些人来说，清晰的计划可能会让他们感到非常不舒服，从而会有各种各样无益的念头和想法来阻止他们去制订一份清晰的书面计划。想法通常是这样的："我知道我要做什么，所以不需要写下来。"或者是："我需要一点弹性空间，写下来就完全限制了我。"或许还有另一种情况："我太忙了，没有时间写下来。"以上这些都是为了逃避责任而找的借口。

谈到周报会，有些人的思维也会有局限性。他们会说："我没有时间参加。"或者是："只有弱者才需要那些。"这些想法和评论就像烟幕弹一样，其实暴露了他们对清晰的计划和承担责任的恐惧。

毫无疑问的是，如果我们执行书面周计划，定期与同伴见面，我们会变得更成功。不要骗自己，我们和其他人没有什么不同。为了最大化地利用我们的时间，想一想这些每周例行事项的好处。

6. 团队应用

"用 12 周完成 12 月的工作"体系带来的是文化转型，用新的方式去处理事务。福特总裁李·艾柯卡（Lee Iacocca）说过："领导者的速度就是团队的速度。"作为团队的领导者，我们在不同方面从根本上影响了我们所在组织的文化，包括我们的言谈、举止及关注点。"用 12 周完成 12 月的工作"体系是一种文化变迁。对于一个组织来说，想成功运用它作为行动指南并收获想要的结果，需要弄清楚它的原理。

组织的文化是领导者的缩影，我们的行为会最大程度地影响我们的团队是否能够充分利用并得益于"用 12 周完成 12 月的工作"体系。我们的首要任务是为团队树立表率，如果想从他们身上看到什么，自己就要做到什么。我们可以从执行每周例行事项、为每周记分、规划和参加周报会开始。

下一步是单独观察我们所有直系下属的习惯。他们每周都有计划吗？每周都记分吗？每周都积极参与周报会吗？有些时候，我们的团队成员会面临困难。典型情况是他们停止计划、记分，甚至退出周报会小组。这并不是他们真正需要做的。他们在体系中的参与非常重要。在这样的时刻，他们需要我们的领导和鼓励以坚持下去。我们需要安排好和他们面对面的单独指导环节，一起正式回顾他们的周计划和得分卡，一个月至少一次。

我们可以不定时地去参加下属的周报会，提供一些指导和鼓励。保持积极的评价，认可、庆祝早期的成果并专注于计划的执行。

7. 常见误区

不要让以下常见误区阻碍我们成功。

误区 1：没有为每周规划。

迅速投入每周工作会给我们提供动力，帮助我们每周获得更高的产出。周一通常是压力满满的一天，我们在刚一开始的时候可能就会觉得落后于计划。通常一周刚开始我们就直接投入邮件、语音信箱及其他待办事项之中。

除了埋头沉浸于我们一周的事务，其他因素也可能阻碍我们腾出时间规划——包括消极的心态。也许以下这些想法会拖慢我们的节奏。

我们没有时间做。 我们认为实在是太忙了，可以把这件事推迟一点，但是推迟意味着永远不会去做。

我们不需要做。 我们误以为有可能自己就是例外，不需要制订计划。看看时间多快消逝！

我们是个老手。 想着周计划是为新手准备的，我们这种老手已经不需要了。

我们已经知道要做什么了。 认为我们已经知道要做什么，所以写下计划或者再规划也没有什么好处。

不想为此负责。 对于有些人来说，执行书面计划会有一种不适感，因为它会一直提醒他们去做应该做的事情。

误区 2：把所有任务都写上去。

周计划不应该包括我们工作中需要做的所有事情，

它只需要包括从 12 周计划中抽出来的对应周战术。我们需要一张单独的表格记录我们的待办事项和反馈。不要把我们一天之中需要做的鸡毛蒜皮的小事都写进计划中。周计划只需要保留战术和目标。

误区 3：设想每周都一样。

另一个误区是认为每周的情况完全相同，所以只需要一个周计划就能够重复使用下去。的确，很多时候我们的每一周都是相似的，但是不可能 12 周每周对应截止日期的都是同样的行动。即使我们的情况真的是一个例外，每周花 5 ～ 10 分钟去规划我们未来的一周仍然会为我们带来很大的好处。

误区 4：每周都增加战术。

记住，周计划是我们 12 周计划的 1/12。偶尔可能需要在周计划中加入一项战术，但是这种情况不应该发生很多次。大多数新战术应该在我们确定 12 周计划时就确定，然后把它们填入相应的周计划中。这样要求自己可以避免把太多时间花在紧急但不太重要的事情上。

误区 5：未用计划指导实践。

一旦我们制订了周计划，每天都需要确保坚持执行那些对于实现目标起关键性作用的行动。每天早上核查我们的周计划，晚上之前核查 1 ～ 2 次，回家之前再核查一次。当我们学会基于我们的周计划开始完成每天的事务时，我们会逐渐感受到我们能够取得更丰硕的成果。

误区 6：未把它当成常规工作的一部分。

我们生活中都有自己的常规工作，常规工作是我们不断取得成功的重要组成部分。现在就把每周例行事项加入我们的日常生活吧。

第16章

保 持 记 分

执行过程受评估影响，评估是现实情况的试金石。真正有效的评估结合事前指标和事后指标提供综合反馈以进行知情决策。通过评估—反馈—决策循环，我们可以了解行动是否有效。

亚当·布莱克（Adam Black）讲述了他的简易日常评估系统对他成就的影响。

2011 年年末，一个生意上的伙伴给我推荐了《超高效时间管理：用 12 周完成 12 月的工作》。它来得正是时候。这本书读了几次以后，我明白这个体系真的太适合我了。

我是很典型的 A 型人格，作风强硬，进取心十足，但是有时会忽略细节。通过"用 12 周完成 12 月的工作"体系，我能够放缓自己的节奏，系统地规划在"以 12 周为一年"周期内我想取得的成果以便最终实现我的长期目标。我发现体系的魅力在于我可以基于实现目标的节奏来调整我的 12 周计划。

为了使自己能够专注于高附加值任务，我制作了一个简单的 12 周日历，从感官上衡量我的进步。这个日历持续记录两个关键指标：每日领先量和滞后量。每天晚上回家的时候，我都能准确了解离自己的 12 周目标还有多远。

将两个指标与实现我的 12 周计划的交易量目标结合起来，2012 年我的交易量实现了 65% 的增长。运用"用 12 周完成 12 月的工作"体系之后，我已经达到了公司最佳业绩员工的标准，公司将在 2013 年奖励我一场旅行。

如果我说"用 12 周完成 12 月的工作"体系给我的业务带来了革命性的变化，可能还不足以表达实际效果。通过这个体系，我能够更轻松地实现我的目标，不需要在每年年底去慌忙追赶年度额定数量。

它让我的生活更加丰富，我可以实现目标，为我的家庭提供保障及在工作以外花更多的时间在我的爱好上。

　　就像亚当的经历一样，评估不需要很复杂才能有效，但是一定要及时进行。

　　最好的评估系统包括事前指标和事后指标，这一点在第 6 章已经讨论论过。事后指标体现了最终结果，我们的 12 周目标就是最根本的事后指标。如果我们在追踪向目标迈进的过程，其实就是在追踪事后指标。

　　事前指标在执行进程之前，事后指标受其影响。大部分人能够很好地追踪事后指标，但是想要获得提升，通常需要关注事前指标。

　　哪些才是我们目标的事前指标呢？举个例子，如我们希望减重 10 磅。总的重量目标 10 磅就是一个事后指标，因为它在 12 周之后才能完成。适合当作事前指标评估的因素可能是每天或每周的卡路里摄入量；或是每周的消耗量，如慢跑了多远、游了多少圈、在椭圆机上花了多长时间——大概就是这个意思。无论我们决定用什么指标去评估，一定要确保在计划周期内的每一周都追踪并记录我们的进步。

　　总而言之，评估越频繁，就越有效果。举例来说，季度评估总是比年度评估有效。年度评估只在 12 个月周期里提供一次反馈，但是如果我们达到更理想的效果，

在一年内只评估一次，那么一年里都没有任何反馈可以
让我们了解我们的行动是否富有成效。相似地，月度评
估比季度评估好，它能够提供更频繁的反馈；周评估也
比月度评估更佳；日评估比周评估更胜一筹。

　　在"用 12 周完成 12 月的工作"体系中，我们确立
了 12 周目标，所以我们在 12 周内至少需要有一次评估。
即使如此，我们最好还是找出一套事前指标，按照月份、
周数甚至是天数追踪。

　　现在我们应该已经设立了 12 周目标并制订了自己的
12 周计划，所以现在需要为我们的每个目标确定事前指
标和事后指标。如果我们还没有设立目标和制订计划，
那么请在完成之后再来进行这项步骤。

12 周计划 目标 1

事前指标和事后指标

- ◾ _____
- ◾ _____
- ◾ _____
- ◾ _____

12 周计划 目标 2

事前指标和事后指标

- _____

- _____

- _____

- _____

12 周计划 目标 3

事前指标和事后指标

- _____

- _____

- _____

- _____

确保每周都能追踪这些指标。可以使用电子表格、Word 中的表格或者是我们网站上的"关键评估"部分来帮助我们记录和监控我们的进步。

就像我们在本书第 1 部分讨论的那样,最有效的事前指标是评估我们的每周执行情况。评估执行情况非常关键。我们已经发现,如果我们能够执行每周计划的

85%，那么在 12 周之后有极大可能实现目标。

无论我们是否使用在线工具、纸质工具或拍纸本，每周都花时间去评估我们的执行情况是非常有必要的。图 16.1 是一个周记分示例，来自"成就"系统，是我们在线工具的套装。我们也可以用纸质工具"徒手画"来做。

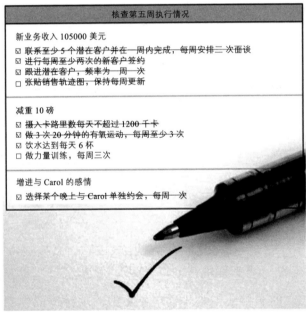

图 16.1 周记分示例

我们的每周记分卡显示的是前一周的战术完成情况。85% 以上的完成度基本可以确保我们能够如期实现 12 周目标。

在上述两种情况中，我们会注意到，它们是对以周为单位计划战术的执行情况进行评估，而不是对结果进行评估。无论结果如何，只需要简单地核查上一周完成的战术即可。

让我们回到健身的例子。我的目标是 12 周内减重 10 磅。计划包括以下战术：

- 做 3 次 20 分钟有氧运动，每周至少 3 次。
- 做力量训练，每周 3 次。
- 饮水达到每天 6 杯。
- 摄入卡路里数每天不超过 1200 卡。

我的评估系统还包括每周称量体重并记录，但我的体重是一个事后指标，所以我打算为我的执行情况记分。在这种情况下，我的执行情况将以完成战术的数量作为记分的百分比。在线"成就"系统可以自动为我完成操作。因此，如果我能完成 3/4 的战术，那么我的每周执行情况记分就是 75%。

结果评估和执行评估是隔离的。以我为例，我这周减重 2 磅，但是只得分 75%，因为体重是事后指标。两项评估我都会特别关注，即使我减重 2 磅（结果评估），但我也知道这周执行情况不好（75%）。这样的记分能够提醒我，除非下周能够提高执行力，否则我的减重计划就无法实现了。

1. 思维转换

这对于大多数人来说是一次重大的思维转换。转换有两层。第一层是接受评估，不要回避，而往往很多人都会选择回避。的确，评估很冷酷，不会施以同情，有的时候甚至还很严厉。它不考虑我们的付出，不关注外在的干涉因素或者是其他任何借口。但最终评估是非常有用和有必要的。如果没有评估，我们就无法知道我们是否真的取得了进步；没有评估，我们也无法知道什么调整是有效的；没有评估，几乎不可能实现目标。

第二层是更关注行动而不是结果。记住，相比于结果而言，我们能够在更大程度上控制自己的行动。结果是由行动决定的。周计划和周记分卡关注的是我们的执行情况。周记分卡评估我们是否完成我们认为对实现目标最重要的事情。因此，周记分卡可以准确预示将来的结果。如果我们每天、每周都能坚定地完成关键性行动，最终一定能实现目标。所以过程控制并不是关乎最终结果，更多的是体现每天的执行情况。所以记分卡只评估我们的执行情况而不考虑结果。

2. 团队应用

作为一个经理或者领导者，我们如何看待评估及我们如何运用它将最终影响我们团队的生产力和成果。太多经理会错误地把评估当作承担责任。这种想法会阻碍团队获得更高绩效。经理如此看待评估时，他们会偏向于用它为下属带来负面影响。换句话说，如果把评估当成责任追究制度，那么经理就会用评估得出负面结果并让下属承担责任。在这种情况下，职员会迅速学会避免评估——也逃避他们的经理。

我们越多地评估触发负面结果，团队就会越偏向于拒绝评估。评估不需要承担责任，只是反馈。更有效地运用评估的方法是把它作为反馈机制来判断挫折、进步和成功。通过这种方式，评估让我们可以直面现实和挫折，而不是带来阻碍和损害及与之相关的负面结果。

在理想情况下，员工可以进行自我评估。如果他们需要我们的帮助才能保持正轨，记录关键行动，那么通常表明他们缺乏主人翁意识。想想看吧。如果我们真的愿意为我们的目标付出，有强烈的渴望去实现目标，难道不能自我记录进步吗？如果他的同伴能够自我评估和追踪自己的指标，他也可以具备主人翁意识。

　　团队运用"用12周完成12月的工作"体系时，我们需要确保每个人都有一套便于追踪的关键行动、事前指标和事后指标。这份行动清单不需要很长，但是要达到合适的数量以便能够为个体提供有意义的反馈。

　　除此之外，我们可以在"用12周完成12月的工作"体系中指导我们的团队。通过这个体系，我们可以有效地指导他们获得更高绩效，持续取得成果。体系中有一项是周记分卡。作为经理，我们可以检查直系下属每周如何记分。不需要了解每个人具体的计划，周记分就可以反映他们实现目标的可能性。通过查询他们的周记分，立即就能了解他们中是否有人可能无法实现目标。如果我们有直系下属在任何一周的记分为60%以下，那么表明他们可能需要帮助。某一周的记分不会促成或者是阻止我们实现12周目标，但是它可能是一个预警信号，表明参与者如果想实现12周目标的话，可能需要一些外在帮助。

3. 常见误区及成功技巧

决定了我们的指标量并保持每周追踪之后，需要注意避免以下误区，善于使用关于指标量的技巧。

误区 1：认为评估非常复杂或者不重要。

太多人使用此类借口，诸如"我不是一个精于计算的人"来逃避评估。不要成为那样的人。如果我们想尽全力去实现我们的目标，那么我们必须评估。

误区 2：每周未安排固定时间来评估我们的进步。

每周确定一个时间，要么这周结束，要么作为周一早上的第一件事，固定一个时间段为我们的执行情况记分，跟踪我们的指标量并计划接下来的一周。对于大部分人来说，10～15分钟就足够了。

误区 3：记分不高时放弃评估。

很多时候如果人们连续两周记分不高就会放弃评估，不再记分。鼓起勇气，即使某一周情况很糟糕也要坚持每周评估。

技巧 1：每周和一个或多个同伴一起回顾我们的周记分。

研究显示，如果人们利用团队的力量，他们能够把计划执行得更好，参见第 15 章周报会部分。

技巧 2：承诺每周都进步。

我们一周内可能无法把记分从 45% 提高到 85%，但是可以从 45% 提高到 55% 或者 60%，重点在于进步。目标是每周都提升我们的执行情况。周记分不断提升是一个积极信号，预示着我们的目标可以实现。

技巧 3：记住，周记分少于 85% 并不意味着很糟糕。

65% 可能代表过去 12 周执行情况的提升。即使只有 65%，大多数人也能够收获更好的结果。我们需要问自己的问题是：65% 的记分是否足够实现我的 12 周目标？

技巧 4：不要害怕面对分数。

如果我们不愿意面对现实，那我们永远也无法改变。

当我们跟踪事前指标时，执行系统可以帮我们找出表现不好的深层原因。我们必须要知道表现不好是因为执行情况不佳还是计划内容有问题，这两者有很大的差别。能确定的唯一的方法就是确定评估结果和实时监督执行情况。

第 17 章

掌控你的时间

当客户被问到是什么原因阻碍他们本可以取得的成就时，他们通常都会回答时间不够。所谓的"时间不够"类原因非常普遍，以至于显得非常真实，但它往往只是掩盖真相的烟幕弹。事实上，阻碍你变得杰出的原因通常不是时间不够，而是你分配时间的方式有问题。我知道这两者听起来意思差不多，但是其实有很大不同。

安妮特·巴蒂斯塔（Annette Batista）将分享一个鼓舞人心的故事，讲述时间块如何让她在生活中安排好各类需要花时间的事务，与此同时还能做好最重要的事情。

大约在两年前，我第一次阅读《超高效时间管理：

用 12 周完成 12 月的工作》，快速浏览了一遍后，我把其中的准则应用于我的家庭和工作中。

我的 12 周目标是每个 12 周都能保持工作节奏，拿到年终的优秀员工奖，着手在家教育孩子。为了实现目标，我明白自己需要一个合适的计划。

我是一名外展顾问，主要工作是帮助客户了解医疗福利，帮助他们选择自己和孩子的医疗计划，也包括确定牙医和口腔医疗计划。为了实现我的目标，我每个月需要打 650 个电话，做 100 次家庭访问。我也需要在当地机构做报告，参加健康会议和社区事务会议。每个月至少做 15 次的社区回访，其中 8 次必须面对面进行。我负责的一处区域有 6 个邮编，范围覆盖两个县。

我担心自己是否能完成这些工作。每天需要做什么才能确保我收获想要的结果呢？我的职业需要付出很多，但是回报也很高。除了工作以外，我的身份还有妻子、妈妈和奶奶。为了实现目标，有目的地制订计划至关重要。

时间块工作法对于实现目标帮助很大。每天早晨工作正式开始之前的缓冲时间块（通常是 7：30 ～ 8：30），我会用来检查邮件，激励同事，然后按照重要性列出联系人清单。

接下来是下一个时间块，我安排了每天的关键行动。这个时间块为 4 个小时，从 8：30 ～ 12：30。这段时间内，我要么打电话，要么做家庭访问。4 个小时的时间块确保我能够优先完成工作。

时间块工作法非常棒，到周二时，清单上的电话已经全部打过。每个月需要打的电话通常在该月第一周到第二周就可以完成。

之后是我的突破时间块。我在每天午餐之后开始家庭教育，差不多需要 3 个小时。教学也是我工作之余的休憩。我喜欢教，孩子喜欢学。我们接触的不同科目——圣经、语言文学、科学、数学、历史和地理——提供了一个绝佳的机会，让我可以在时间块内做出不同选择。所以这段时间并不会乏味无趣。

家庭教育结束后，我这一天最后的工作在另一个缓冲时间块进行，继续打电话、登记今天的数据、检查邮件，确保没有重要的事情拖到第二天。

运用"用 12 周完成 12 月的工作"体系中的时间块工作法，我能够提前完成工作。有的时候甚至可以提前两周完成。度假时我可以尽情享受，因为假期结束也没有待办事项或是需要紧急处理的事情。

我会对我的计划负责，我也希望变得更优秀。我的坚持赢得了经理的尊重、督导的肯定、同事的赞许及家人和朋友的夸奖。

除了以上这些成果，我不仅完成了我的目标，赢得了 2011 年年度外展顾问奖，还在 2012 年二度获奖。连续获奖两次在历史上前所未有。在个人生活中，我的丈夫和我也把体系运用于资产上，决心还清债务。我们的房贷持续到明年 12 月，这意味着 12 个月内就完全偿还，而一般情况下人们需要 18 ～ 36 个月。

有效利用时间可以成就卓越。困难在于世界上每天都充满了潜在的诱惑和外在因素的干涉。一项由微软研究院的埃里卡·霍维茨（Eric Horvitz）和伊利诺伊大学的沙姆西·伊克巴尔（Shamsi Iqbal）主持的研究表明，被外在因素如邮件、即时消息等转移注意力之后，微软员工平均需要 15 分钟才能恢复工作状态。

此外，2005 年商业调查公司 Basex 的一项时间利用调查发现，一天中员工有 28% 的时间花在被干扰和恢复工作状态上。假设每周工作 40 小时，这意味着有 11 个小时都处于分心的状态！

你选择度过时间的方式最终决定了你的人生状态。历史上的伟人，无论身处政治、文化、艺术、科学、宗教还是其他任何能够想到的领域内，他们拥有的时间和你一样。但是他们利用时间的方式造成了伟人与普通人的差异。这种差异受到你每时每刻的选择的影响。大多数人都着眼于短期收益，并且希望付出更少的代价。

2011 年，美国人每天平均花费 2.8 小时看电视，那是一天的 12%——这还不包括你花在新兴娱乐设备，如智能手机和平板电脑上的时间。我们通过看电视来逃避现实和放松自己。选择看电视，一部分原因是这件事很轻松，除了换频道外不需要做任何事。电视在某种程度上来说可能有益，但是无法靠它过上有意义的生活。

有时，你选择去做的事情可能不会像看电视或窝在沙发上一样显示出明显的低附加值。你的某些选择可能会让你看起来一直都在忙碌，但是事实上你在逃避更重要、更棘手的事情。这种趋势在生活中随处可见，如跟进电子邮件和信息而不是去处理更难但回报更高的事情，如打销售电话、锻炼身体及处理人际关系问题。

适度享受闲暇时光，做轻松的事情当然是有益的。但是如果我们持续选择轻松的任务，会将自己束缚于这种生活，一身本领完全派不上用场。最终，我们为了最大限度地享受舒适所花费的时间会让我们付出巨大代价，无法取得成就。就像罗伯特·路易斯·史蒂文森（Robert Louis Stevenson）说过的那样，早晚我们全都得坐下来，面对种种后果所组成的一场盛宴。

为了保持健康，需要不适感，想获得高额收入也需要不适感，想熟练掌握任何技能都需要付出代价。去追逐你的渴求需要牺牲，第一步需要牺牲的就是你的舒适感。

将你的时间分配给最重要的机会才能使你变得伟大。你需要做出选择，将时间花在那些棘手但能创造最大收益的事情上。想要变得伟大，你需要有目的地生活。你需要明确什么是最重要的事情，有勇气对分散你注意力的事情说不。你需要紧凑地安排时间，剔除那些不擅长或者无益于目标实现的事情。

基于个人天分和后天习得，你既有优势也有劣势。优势和劣势共同作用，影响你能否取得成就。

很多人花费大量时间和精力想消除劣势。总的来说，努力去减少限制你取得成就的劣势是值得的。每个人都需要克服弱点才能获得成功。但是，通常劣势很少能成为优势。如果你不做你擅长的事情或扩大你的优势，那可能努力的方向不对。

在现实中，专注于利用你的优势能够取得更大的成就。成功的人会发挥自己的优势做事。卓越的人则更进一步，他们选择发挥专长。专长指的是 1 ～ 2 件你特别擅长的事情，这往往也是你的兴趣所在。无论你是否了解，专长都能够助你成功，为你带来乐趣。

为了成为最好的自己，你必须有意识地安排时间，将优势和专长充分发挥。如果能够做到，你会收获全新的生活。当你这样做了，你在生活中会收获更丰硕的成果和满意度。

为了取得更大的成就，你需要把时间花在战略性行动上——它们非常重要但不一定紧急。战略性行动通常没有即时反馈，但是在将来会带来极大的回报。你必须专注于发挥优势，减少外在的干扰及对低附加值活动的投入。

1. 高效能时间

有效的时间利用是"用 12 周完成 12 月的工作"体系中的五大规范之一，和其他四个——期望、计划、过程控制和记分——共同组成了这个体系。

我们在生活中所取得的一切成就都需要花费时间。只有为它们分配时间，只有为重要的事情分配时间，才能够完成它们。把时间花在最重要的事情上是成功的基石之一。

高效时间系统是一个易于使用的时间块系统，通过有意识地花费你最宝贵的资产——时间，你可以像 CEO 一样统领全局。你运用高效时间系统的能力是个人领导力的体现。如果你有意识地去有效利用时间，你会成为更高效的领导者，以更快的速度拓展业务，获得成功。

正如第 7 章所讨论的那样，三个部分构成了有效使用时间的基础，它们分别是战略时间块、缓冲时间块和逃离时间块。它们中的每个都旨在帮助你更有效率地完成关键性活动。

战略时间块的长度为三个小时，一般安排在一周的前几天，这样如果万一中途被打断或是取消，也有时间重新安排。战略时间块应用于处理业务，即使是工作内容很少的时候，也不能省略。通常，每周一个战略时间块即可。

缓冲时间块旨在处理优先级低的活动，通常为 30 分钟～1个小时，每天可安排一到两次。缓冲时间块的实际时间量取决于实际事务处理的需要，如电子邮件、电话、干扰或是杂务的数量。

逃离时间块旨在防止倦怠及腾出更多的空闲时间。长度为三个小时，应每周安排一次——如果"用 12 周完成 12 月的工作"体系中的其他部分都能起作用的话。我们建议在体系正式起作用和你的执行情况非常不错之前，每月只安排一次逃离时间块。

除了这三个类别之外，你还需要安排时间块来执行其他重要行动。

2. 榜样工作周

为了有效地分配时间，可以设定一个高效能模板——榜样工作周。在下面的训练中，你将使用时间块作为关键活动创建榜样周。以这种方式分配时间有助于实现目标。这样做的目的是首先设计能达到最高效能的一周模板，再根据模板调整内容。

榜样周不会清空一周中的低附加值活动，这样不会有多大效果。相反，它关注的是在高价值、高回报的活动上花费时间。如果你已经制订了 12 周计划，高价值活动指的就是计划中的行动。

用铅笔画出你的时间块，先画出战略时间块，然后是缓冲时间块，最后是突破时间块。

让我们开始吧。使用表 17.1 中的模板完成以下五个步骤。

表 17.1　榜样工作周

	周日	周一	周二	周三	周四	周五	周六
7:00							
8:00							
9:00							
10:00							
11:00							
12:00							
1:00下午							
2:00							
3:00							
4:00							
5:00							
6:00							
7:00							

（1）周一早上第一件事就是空出 15 分钟，回顾前一周并为当周做出规划。

（2）安排三个小时的战略时间块。

（3）工作日（周一～周五）每天安排 1～2 个缓冲时间块，通常一个安排在上午，另一个安排在快下班时（如 11:00～12:00 和 16:00～17:00）。记住，缓冲时间块的实际时间量取决于处理实际事务的需要。

（4）安排一个突破时间块。

（5）安排所有其他重要活动。

a. 预约客户和潜在客户；

b. 长期会议；

c. 市场营销与销售；

d. 规划；

e. 日常行政和运营工作；

f. 准备客户会议和客户服务；

g. 项目；

h. 引荐人会面；

i. 一对一训练课程；

j. 个人任务。

最开始的时候，你的一周剩下的时间可能所剩无几。虽然可能实际情况确实如此，但是如果完成了这项训练，你会发现它涵盖了所有关键、重要的行动。表中安排的任务有利于实现你的期望，提高业务水平。在尝试付诸行动之前，书面的周安排非常关键。如果你无法在表中安排好，那意味着你也无法落实那些行动。

最后再次强调，一切事情都需要花费时间。如果你无法掌控自己的时间，那么你也无法掌控可能获得的结果。个人效能取决于你的意图。

高效时间子项

以下是战略时间块和缓冲时间块的建议子项。它们可以帮你更有效地利用这两种关键时间块。

战略时间块——子项模板，时长：3 个小时

- 重新审视你的期望：5 ～ 10 分钟。回顾你的期望并评估进度。是否在向目标迈进？是否取得进步？是否有情感共鸣？

- 12 周回顾：10 ～ 15 分钟。回顾指标量。根据目标检查目前取得的成果。检查每周执行情况记分及事前指标和事后指标。执行情况好吗？是否高效？如果答案是否，本周可以做出哪些改进？

- 评估低效能表现：10 ～ 20 分钟。遇到挫折了吗？如果有，根本原因是什么？需要调整计划还是只需要加大执行力度？

- 制定战术：2 ～ 2.5 小时。利用这段时间填入 12 周计划中的策略。

- 战略时间块子项其他参考：

- 读一本书。

- 参与在线课程。

- 计划下一个"用 12 周完成 12 月的工作"周期（通常在本周期的第 12 周或第 13 周完成）。

缓冲时间块——子项模板，时长：30 ～ 60 分钟

- 查看并回复电子邮件。

- 收听语音邮件并根据需要进行回复。

- 进行必要的外拨电话。

- 跟进待办事项。

- 与员工快速会面，解答疑问或规划后续工作。

- 整理和记录待完成和已完成工作。

- 确定是否有新的待办事项并记录。

这些子项只是示例，但请注意战略时间块与缓冲时间块中子项的活动类型。战略时间块用于关键性的高回报活动，而缓冲时间块则用于处理低优先级、繁忙的工作。

高效时间系统可以将每周划分为时间块，帮你为最重要的事情分配好时间。如果你一直能够保持在生活中和业务中完成更多重要的事情，会带来哪些不同？从现在起，12 周后你会处于什么位置？三年后呢？通常，在运用系统的一周内，就可以看到改变，并且你可能会发现你要比之前更能掌控自己的时间。

3. 思维转换

我们都明白时间的高价值和有限性，但有趣的是，几乎所有人都很难像设想的那样高效分配时间。我们合作的许多客户以盈利为先，只要一有机会就会放弃预先规划好的时间表，不去考虑前景，也不与消费者协商。这样的情况会出现很多次，他们似乎毫不在意对业务的长期影响。实际上，他们本可以用这些时间规划自己的未来。

归根结底，我们的许多客户都重视别人的时间而不重视自己的时间。要实现突破，您必须重视自己的时间，至少要把它们的位置与消费者的时间等同。只有如此，才能更好地发展业务，还能改善你的客户服务。

另一个阻碍有效执行和有效使用时间的想法是觉得自己可以完成所有工作。如果你认为只要工作的时候速度足够快、足够努力，或是有足够长的时间来完成就可以处理一切事务，那么你可能要失望了。几年前的一项研究发现，在任何时间内，每个人手头都有大约需要花费 40 个小时的工作。

认识到你无法完成所有工作非常重要，否则你会继续在错误的想法下工作，最终就无法获得最重要的成果。继续把所有的时间用在突发事件上并推迟战略性行动的执行，你将无法取得突破，更无法过上想要的生活。

如果你经常推迟战略性活动以完成紧急却不重要的事情，那么你永远无法取得卓越的成就。如果你秉持通过突发事件可以取得成果的信念去工作，那么你永远无法真正获得好处。像"我明天、下周或者是下个月就开始为理想奋斗"这种想法是致命的，你必须明白你未来的生活就是此刻你正在创造的生活。

取得突破并不是量的累积。突破需要彻底改变之前取得成果的工作方式。对于一部分人来说，突破性成果可能意味着收入增加20%；对于另一部分人来说，这可能意味着业务量翻倍；对于其他人来说，突破可能意味着花更少的时间获得与之前同等的收入。在任何一种情况下，取得突破都需要你主动改变分配时间的方式。

以上成果听起来似乎很激动人心，但是如果你目前的时间分配方式已经无法满足你更多的需求，可能你会觉得没有足够的时间取得突破。我们的客户经常看到其他人能够取得更大的成就，但是自己却无法实现。很多时候，他们觉得自己已经在努力工作，那么更努力一点似乎也无法成为有效的动力。他们可能会害怕成功——他们会想"我目前不足以取得更大的成功"。

似乎人们都认为想要赚得更多就需要付出更多努力，但其实这种想法正是限制你取得成就的原因。

试想一下：年薪 100 万美元的工作并不会比年薪 10 万美元的难 10 倍。事实上，有的时候年薪 100 万美元的工作更少——但是他们工作的方式差别很大。

事实上，如果你不愿意改变分配时间的方式，就无法取得突破。想要获得不同的结果，你必须用不同的方式去做一些不同的事情。

不要让机制模糊概念。为了做到最好，你需要留出时间安排战略性活动。找到有效的方式去处理低附加值活动，留出时间放松和恢复精力。

4. 团队应用

经理的言谈举止会影响团队的文化。如果你想让积极影响最大化，那么必须保持言行一致。

如果你希望团队带着明确的目的做事，那么你自己也需要这样做。制定一个榜样工作周，填入高效时间系统中的三类关键时间块，再补充其他战略性活动，如团队会议、一对一训练课程，最后承诺自己每周都要践行。

运用高效时间系统很可能为你和团队带来益处。你的团队会了解你有目的性地安排你的时间，这样他们也会效仿你的行为。此外，如果你每天的缓冲时间块保持在相对稳定的时间，团队成员也会知道他们可以利用那些时间与你联系，在需要的时候也能够放心地找你。

我们在金融服务行业的一位客户发现，当他每天在同一时间安排他的缓冲时间块时，他能够更好地为同事提供帮助。从表面上看似乎有违常理。现在，他每天只有一小时的时间用于突发情况和团队会议，剩下的时间都专心执行计划。他和他的团队都发现现在他每天的生活就像上了发条一样准时，团队成员不再需要到处找他或者是担心他是否有时间与他们会面。即使每天只有一小时可以用于会议，团队成员也能够更好地与他交流，因为他们清楚地了解何时何地能够找到他。

第三个好处是当你自己运用高效时间系统时，你会更熟练地掌握并能够与团队成员分享经验。

除了带头运用高效时间系统以外，你还可以在团队成员运用该系统时尊重他们的时间块分配。当他们处于战略时间块时，稍后再去找他们，尽量不要打扰他们。

你和你的团队所做的一切都需要花费时间，带着目的去利用时间！

5. 常见误区和成功技巧

请注意避免以下四种误区。

误区 1：按照之前的方式开展业务。

以前分配时间的方式无法再有效执行你的行动。因为旧习惯不需要付出什么努力，非常轻松，所以很容易重新陷入其中。为了获得新成果，你必须乐于克服恐慌、不确定和不适感，并最终坚持新的、更高效的习惯。

误区 2：战略时间块内安排的任务太多。

很多人称赞同时进行多任务处理。现实情况是处理多任务会降低你的整体工作效率，并无法取得理想的成果。根据密歇根大学大脑认知和行为实验室主任戴维·E.迈耶的观点，多任务处理实际上减慢了你的速度并增加了出错的可能性，并没有提高你的效率。如果你在做第一个任务时开始第二个任务，完成第一个任务的时间平均增加 25%。

误区 3：注意力不集中。

在现代社会，技术可能会成为分散注意力的元凶。每天的干扰因素都在增多。被智能手机、社交媒体、互联网所干扰而停下手头高附加值的活动，你将无法实现自己的目标。适度放松有益健康，但是如果你对时间没有明确的目的，那么就不会试图自制。学会在做重要工作时不被外物所打扰。

误区 4：认为忙碌等同于高效能。

你可以花费一整天的时间处理电子邮件、语音信箱、短信和其他杂务，但是这些事并不会有助于你取得什么成就。当然，你的确很忙，但是有成效吗？学会优先处理最重要的活动，在处理其他任何事情之前先做好高优先级的工作。

可以遵循以下两种技巧。

技巧1：从执行每周书面计划开始你的一周。

与您的12周目标有紧密联系的每周计划能够避免为紧急而不重要的事情分配太多时间。按照每周计划工作并效仿榜样周，你将最终获得成功。

技巧2：将榜样周加入日程。

将榜样周时间块加入日程，设置频率为一周一次，这样的做法可以减少很多可能出现的活动冲突。有的时候需要调整时间块，但大多数时候可以维持原有安排。即使需要履行工作计划或是工作周数有些不同，你也可以在周一早上花五分钟时间做出调整，这样会更加适用于你的情况。

第18章

树立主人翁意识

我们都听说过这样的故事：有人拒绝为自己的行动承担责任，认为他人是造成失败的原因。要么是他们父母的过错，要么是老板的过错，是保守派和自由派的过错，或是香烟公司、快餐业——总之要试图找到代罪羔羊。哇哇哇！其他人或者其他事情总是他们失败的理由。我们的文化越来越支持这样的"受害者"。事实上，我们的法律体系甚至加剧了这个现象，现在奖励那些不为自己的决定负责的人，反而追究其他人或事的责任。

尽管有诸多好处，但是有"受害者"心理的人们都会为此付出巨大的代价。这种心理使得他们的成功被外在环境、人和事所限制。只要我们继续成为外在环境的"受害者"，那么就会觉得生活充满磨难，其他人都是威胁。

责任感，从另一方面来说，让你能够把控自己的生活，塑造你的命运，激发你的潜能。从根本上说，责任感就是为自己的行为和结果树立主人翁意识。事实上，成功的人都具备责任感。

责任感不是责怪自己或惩罚他人。它只是生活中的姿态，人们承认自己在所取得的成果中所扮演的角色。承担责任不涉及错误，而是知道付出何种努力才能创造更好的成绩。只有我们的组织和我们自己对行动和结果负有责任感，我们才能改变或改善结果。只要我们认同行动对结果有影响，那时我们才能真正有力量去创造渴望的成绩。

认识到我们的责任之后，我们不再为行动辩护而是从中汲取教训。失败仅仅是一种反馈，接下来要变得卓越。不利的环境和不合作的人无法阻止我们实现目标。我们的想法完全不同，于是结果也不同。

以下是丹尼·富恩特斯（Danny Fuentes）谈他是如何认识这一点的。

参加完"用12周完成12月的工作"研讨会回家之后，我充满干劲并且准备好在我经营业务的方式上做出一些必要的改变，它真的起作用了。

之后，我无法进入网站系统，花了一周半的时间才解决这个问题。那时候，我们正在享受愉快的假期，我落入了同样老套的"找借口"心态。我觉得还没开始就已经落后了快两周。当然，我发现很容易就把责任归咎于无法登入网页、假期安排、繁忙的工作上，让我感觉我可以为自己辩护一番。

最终其实只有自己可以承担责任。即使有很多明显的借口，你也不会再去找。

选择去做困难的事情本身就是很困难的转变。在这里工作了 23 年，我觉得那些事情我大可不必去做。

最后，用体系中提供的手段去进行一些必要但有时让人觉得很痛苦的改变是一个很好的机会。如果我不愿意在我的日常行动中遵守纪律，那就不会有什么改变，期望也永远不会实现。

我个人的成功和失败只有自己能够负责，困难在于我总是想着今天做的事情都不太重要。

我非常感谢你分享的这个体系。从某种程度上来说，我可以改变我的思维方式，更重要的是改变行为处事的方式。

　　这不是我这个月的心血来潮。这必须是生活方式的改变，我需要坚持培养和完善。我不会幻想陈年旧习可以轻易改变，但是我有了一颗想改变的心。

　　很明显丹尼充分理解了这一点。在各种努力付出中都有挫折和阻碍，我们很容易就把他们当成放弃的理由——或是借口——去解释为什么不能完成本需要完成的工作。有时候，你甚至会觉得被自己的借口说服。可能会有一些情况超出你的控制范围，会使你偏离轨道，遇到别人也认为你无法克服的障碍。

　　达斯汀·卡特（Dustin Carter）还是小男孩的时候因为患有罕见的血液病被紧急送往医院。为了挽救他的生命，医生们对他进行了双臂截肢和双腿截肢手术。你能想象吗？我实在无法想象。我分享了我遇到过的挑战，但没有哪一个是像这样的。我无法体会这其中的恐怖：手术后醒来就发现自己失去了双臂和双腿。你怎么能不为自己感到悲伤？感到生活对你如此糟糕？如果这世界上有人可以找到理由为自己感到惋惜，那一定是达斯汀。

　　有趣的是，如果达斯汀也是如此想法，那他可能也不会取得后来的成就。他不仅没有让他身体的残疾拖累他，反而还超越了身体的局限。想象有一天，你醒来没有双臂和双腿，那样的情况下你想做些什么？在所有的可能中，他选择了摔跤——通过艰苦的努力和大量的训练，他成了一个富有成就的摔跤手。他做到的不仅是克服肢体上的困难，更是彻底的超越。在这个过程中，他也激励了数以百万计的人们，他们也面临着各种各样的困难。

障碍？真的吗？当我想到达斯汀需要克服的困难，再看看我需要克服的困难，我深感羞愧。那你呢？什么阻碍了你的前进？

想想阻止你实现目标的那些障碍和阻碍吧。

难道现在还不是时候停止找借口、不要再让别的事情阻止你过上想要的生活吗？你现在的生活是你之前选择的结果。你可以责怪环境、教育、家庭、学校、老板或者是政客。事实上，你无法控制以上任何因素，你能控制的就是你面对困难的方式。有责任感并不容易，有的时候会非常不愉快，但是如果你认真对待目标，你就必须要对你的情况有主人翁意识。

树立主人翁意识意味着审视自身。不要让那些阻碍你本可以过上想要的生活的那些事情影响你。最后，除了一小部分亲密的朋友，其实没有人真正在乎你成功与否。没有人在乎你找各种各样想要的借口。这听上去很残酷，但那就是事实。噢，你有可能有时候会得到一点同情，或者你幸运得到一瓶免费的啤酒，但仅此而已。放弃努力并不会获得成功。现在下定决心，不要让借口阻碍你实现目标。

1. 在生活中变得更有责任感的行动

以下四件事可以帮你变得更有责任感，获得更多你想要的东西。

（1）下定决心不再成为"受害者"。如果不依靠自己的努力，你就无法过上有意义的生活。决定永远不要有"受害者"心理，警惕找借口和满足平庸的时刻。专注于你可以控制的事情。责任感首先是一种心态，然后才是行动。为了能够实现期望，对你的想法、行动和结果负责。

（2）停止为自己感到遗憾。为自己感到遗憾的结果只是自我怜惜，无法带来任何好处。此外，如果你经常这样做，还有可能陷入抑郁。情况糟糕的时候，可以失望和沮丧，但是不要让他们一直盘桓在你心头，最后变成自怜自哀。学会去控制你的想法和态度。

（3）乐意采取不同的行动。如果你想要不同的结果，那么你需要尝试不同的行为处事方式去做不同的事情。我的朋友卡萨拉（Lou Cassara）是《从销售到服务》的作者，她说过："如果你想要现在不曾拥有的东西，那就需要做一些你不曾做过的事情。"开始行动不仅会改变你的收获，还会改变你的态度。我发现觉得沮丧时，能够改变我态度最快的一个方法就是采取行动。

（4）和有责任感的人在一起。有谚语云："与智者同行也会变得富有智慧。"与你合作的同伴非常重要，远离那些"受害者"和喜欢找借口的人。把"受害者"心态当成一种传染性致死疾病，与有责任感的人交往。如果在生活中有对你重要的人喜欢找借口，请你传达积极的影响，让他们阅读本章，并作为榜样去承担责任。

> 早晚我们全都得坐下来，面对种种后果所组成的一场盛宴。
>
> ——罗伯特·路易斯·史蒂文森

花几分钟时间想想，在生活和职场上你可以采取哪些行动来提升责任感：

_____

2. 思维转换

理解责任感是一个巨大的思维转变。我们在之前的部分已经探讨过，社会将责任感视为承担后果。其实并非如此，责任感是主人翁意识。它是明白即使不能控制外在环境，也可以控制自己回应的方式；是理解你的选择决定了你的生活；是认同在任何情况下，你都可以自己做出选择。在特定环境下，选项可能不尽如人意，但你仍然可以自主选择，这和没有选择有着显著差异。

你如何看待责任感影响方方面面。

3. 团队应用

富有责任感带来的长期好处显而易见：无论对于组织还是个体，都能够获得更好的结果，增强对其他事物的掌控，压力更小，幸福感更强。

设想这样一个情景，你所在公司的文化鼓励承担责任。责任感是一种正面导向，同伴之间愿意建立彼此信赖的关系。公司不逼迫人们为后果负责，而承担责任成为每个人处事的方式。

领导者需要打破将责任感视为承担后果这种旧观念的束缚。与我们合作的每个组织几乎都提到需要追究员工责任。责任感并不是强加于人，对他人有要求，或胁迫他人承担责任。领导者如果希望员工承担一切后果，无形之中就会让他们为自己辩护，变成找各种借口的"受害者"群体。让某个人承担后果对于他来说并不能采取任何行动或取得任何结果。即使是最有责任感的人，也会自然而然地反抗这种要求。

人们通常都会履行分内之事。领导者的主要工作之一就是让员工把最重要的事情当作自己的事情来完成。如果继续让员工承担后果，他们并不会把它当作分内之事。

我的意思不是不面对现实或不承担后果。承担后果在塑造行为时有一定作用，但是如果员工不从心底当成自己的工作，那么永远不会主动付出努力。需要为员工留有余地，真正认同最重要的事情。

以下是一些在组织内部提升责任感的技巧。

- 警惕"受害者"言论。注意你和其他人谈论失败的方式。关注一开始承认现实然后设想未来可以做出改变的这类交流。记住，我们所取得的成果与我们的想法有直接联系。训练思维方式和说话方式，树立主人翁意识，对行动和结果负责。

- 树立责任榜样。行动比语言更有说服力。如果你想让他人承担责任，那么你要在行动上证明你的责任感。做一个他人乐于效仿的榜样。

- 明确期望。承担责任始于确定明晰的期望。了解期望对于个体和组织培养责任感非常重要。作为个体，你需要明确想实现目标的具体内容及评估成功的方法。

- 从生活中汲取经验。人都会犯错。你无法总是获得想要的结果，尤其是第一次尝试时很难成功。失败也包含着很多重要信息。学会把失败当作有价值的反馈，可以帮助我们在未来获得更好的结果。一次次的失败其实是上帝给我们安排的课程，学习之后才能掌握相应的技能。

- 着眼于未来。承担责任不仅与过去相关，也与未来有所联系。在我们判断过去发生的事情好坏时，大多数情况是事情已经发生，无法改变。不要责备，不要内疚，向前看，着眼于未来，为了获得更好的结果你还可以做些什么。

关于责任感的想法和观点影响你的行动和在组织内取得的成果。如果你对责任感的想法改变是否会有什么不同？如果你面对顾问和同伴时氛围非常自由，你的举止是否会有差异？你想怎样改变你在团队内的角色及与团队其他成员的关系？

以领导者的身份改变你参与承担责任和看待责任感的方式会改变员工之间的交流、关系、他们取得的成果及整个公司的情况！

4. 常见误区和成功技巧

误区1：你仍然把承担责任等同于承担后果。

到现在为止，你应该清楚承担责任和承担后果是不一样的。继续把承担责任当成承担后果会阻碍你激发潜能，也会限制你同事的发展。把这句话写在一张纸上，然后挂在你办公室的墙上：承担责任并不是承担后果，而是具有主人翁意识。

误区 2：坐以待毙。

第二大误区是一心等待事情能够自然出现转机，结果事态超出了你的控制从而变得更糟。无论是经济形势、公司情况、老板还是配偶，总想等着什么人或者什么事自己改变，这是徒劳无益的，最后也只能自己品尝苦果。

技巧 1：承认现实。

就像伊丽莎白·卡迪·斯坦顿（Elizabeth Cady Stanton）说的那样，真理是唯一可以立足的安全之所。承担责任意味着面对现实。如果你选择承担责任，就必须坦诚相待。情况就是如此。想迈出提升责任感的一步就是承认现实。

技巧 2：专注于可以驾驭的事务。

专注于可以驾驭的事务才能更加高效。你不需要控制外在环境或者其他隐私，唯一需要控制的就是你的想法和行动。把你的精力花在可以控制的事情上，培养创造性思维并有所作为。

第 19 章

12 周的承诺

这是我从朋友迈克·怀特那儿收来的一封电子邮件：

今天是我 36 周岁的生日。我想在今天给大家分享一件在我心头萦绕已久的事。

差不多两年前，我开始了"用 12 周完成 12 月的工作"的特别训练。无论是在我的个人生活还是我的职业生涯中，这两年都发生了许多事情。我所想分享的故事是关于"用 12 周完成 12 月的工作"的训练对我的个人生活的影响。毕竟，关于 12 周计划如何有助于职业生涯这方面的事迹，你们已经听得太多了。

研讨会成立的第二天下午，我们了解了"承诺"的概念，以及有效履行承诺的四个关键：①实现目标的强烈欲望；②清晰的策划；③计算所需的代价；④严格兑现诺言，不要感情用事。当我开始考虑我应该写下什么承诺的时候，我希望我这个承诺能改变我的生活。我还记得当时写下承诺后心里暗想："希望没人看到我写了什么……当然更不希望布莱恩让我公开自己的承诺。"

其实，我做出的承诺就是：周一到周五，每天给母亲打一个电话。这件事看上去应该挺简单的。

母亲和我的关系很好。她是我的头号粉丝，而我则是她坚实的依靠。在我心中，母亲的地位比其他任何女人都要重要。从2009年9月30日到2011年6月11日，除了周末，每个工作日我都会跟母亲通话。每天找到一个合适的通话时间并不容易，因为要考虑到两个人的日常安排。而且，我必须很惭愧地承认，有时候我觉得找时间和母亲通话几乎是一个负担。

但我也知道，每天一通电话给我母亲的生活增添了色彩，每次和我通话的时间都是她这一天中最兴奋的时刻。现在回想起来，那也是我一天中最开心的时刻。

因为我在2009年10月1日许下的这一个承诺，使得我和妈妈在88周的时间里总共通了至少440次电话。

我也留下了许多珍贵的语音邮件和一些很棒的回忆，我和母亲间的关系仿佛更亲密了。

2011 年 6 月 11 日是我与母亲最后一次通话，因为她在 6 月 13 日那个星期一的早晨意外离世了。

现在，我没法将"周一到周五，每周给母亲打一个电话"加入新的"用 12 周完成 12 月的工作"的计划了。但我没有一天不希望能和妈妈再通上一句话，而且，今天，也就是我生日的这一天，我特别想听见她的声音。

我许下的这个承诺改变了我的人生。因此我永远感谢你，布莱恩。现在，我要投身于我的下一个 12 周计划，并成为我母亲所期待的人。

在这个故事中，一个如此微不足道的承诺竟能产生这样深远的影响，我为之感到惊讶。有些时候，要我们能持之以恒地履行，哪怕是一个小小的承诺也能产生巨大的影响。由此可见，12 周承诺的确能够改变我们的人生。

1. 承诺的力量

承诺是"用 12 周完成 12 月的工作"的三原则中的

第二个原则。《美国遗产词典（第4版）》将承诺定义为"在情感或知性上与某一任务或某一（些）人感到紧密相连的状态"。承诺是一个有意识的决定，它要求你通过实际行动来达成一个理想的结果。

承诺是有力量的。因为承诺是关乎你未来的一份责任。你需要提前决定你将采取何种措施来达到你的目标，措施规划得越仔细，承诺实现的可能性就越大。

> 承诺："在情感或知性上与某一任务或某一（些）人感到紧密相连的状态。"

我们在生活中都体会过承诺的力量。那段时间里我们锁定某一目标，并准备好为此付出一切努力。想想那段时间里你的状态，当你为自己做出的承诺坚持不懈地努力时，感觉如何？目标达成时感觉怎样？你对于自己实现其他目标的能力又有了怎样的认知？而当你面对困境，想要放弃时，成功实现最终目标的愿望又会怎样影响你的决定和行动？

我打算从两个层面上介绍承诺。第一个层面的承诺关乎我们个人，即我们对自己的承诺；第二个层面则是我们对他人的承诺，即诺言。首先，让我们来看看对自己的承诺。

2. 对自己的承诺

对自己的承诺即你对自己许下的诺言，并且你需要采取具体行动去执行它。例如，坚持健身，多花时间与家人相处，戒烟，或是每天坚持打一定数量的销售电话，等等。现在，请花几分钟想出两个你给自己定下的承诺并坚持执行它们。

写出两个你已经成功实现的个人计划：

_____

_____

现在想想当你履行这些承诺时，你获得了怎样的成果？自我感觉如何？坚持兑现这些诺言是否让你在执行其他的自我承诺时感觉更轻松？当你不惜采取一切办法来达到预定的目标时，你如何看待自己在这其中施展的能力？请把你的想法写在下面：

坚持完成对自己的承诺的好处：

_____

_____

在第 9 章里我们探讨了承诺的力量，不过，我们每个人都有为了实现承诺而挣扎痛苦的时候。

新年决心就是这类承诺的典型。事实上，许多人早在行动之前就放弃了所做出的承诺。让我们来看看为什么会这样。为了方便理解，让我用冰山理论来打个比方（见图 19.1）。你也许听说过，冰山只有一小部分——大约其总体积的 10%——露在外面，而其他主体部分都沉在水平线以下。我想要说的是，人类也和冰山一样只愿意展露一小部分真实的自己。因此，我们所了解的往往只是别人思想、情感的一小部分而已，这部分就像是冰山暴露在水平线之上的部分一样。

图 19.1　意识的冰山理论

请在图 19.1 的冰山上标记出你认为的人类意志所在的位置——水平线以上或是以下。仔细思考，你也许会发现，人类的意志所在的位置既可能在水平线以上，也可能在水平线以下。

这意味着，存在人能感知并陈述的意志，也存在人无法察觉的潜藏的意志。并且，这两种意志常常互相矛盾。下面就让我们来看几个例子。

常见的新年决心之一就是减肥。在我们的研讨会上，常常会问这样一个问题："在场各位有谁认为自己很胖？"通常一半的人都会举手。那么，问题来了：你是根据自己的标准判定自己胖的吗？如果答案是肯定的，那么你的表面意志和潜藏意志（自己关于胖的标准）就存在矛盾。因为你的表面意志是要减肥，但从现实情况（你的真实体型）来看，埋在水平线下的那90%的冰山——你的内心潜藏的意志，却并不想变瘦。

我们要求与会者写出自己的隐藏意志，并得到下面的答案：

- 我是个吃货，我不想放弃对美食的享受。
- 我不想从温暖的被窝里钻出来在大冷天里跑步。
- 我不想白费力气。
- 我感觉不出自己有多胖，我一直是这个体重。
- 时间不够。

严格来说，上述理由都是潜藏意志的体现，如对舒适、愉悦、满足感、轻松的状态和应有福利的追求，等等。问题的关键正在于这些潜藏意志通常存在于无意识中，并与表面意志产生矛盾。所以，我们必须尽一切努力信守承诺以实现我们的目的。

当你的表面意志比你的潜藏意志更为强烈时，或者你能够有意识地协调二者之间的矛盾时，你所做出的承诺通常能够实现。

让我们来看一个商业案例。对于许多销售人员来说，能否不断收获新的顾客就是区分成功和失败的标志。然而，即使一些销售代表承诺自己每周都要争取让一些老顾客把自己推荐给其他新顾客，他们也不会主动开口。显然某些原因在从中作梗。对要求老顾客替自己介绍新顾客这件事，他们内心的真实想法到底是怎样的呢？

他们内心的潜藏意志可能如下：

- 我没有资格要求别人替我介绍新顾客。
- 我不想因为提出某些过分的要求而失去老顾客。
- 我害怕被老顾客拒绝。
- 我想要得到顾客们的青睐。
- 提这个要求可能会造成气氛尴尬。

■　我没有得到顾客的信任和青睐。

因此，让有着上述想法的销售代表们要求老顾客替自己介绍新顾客，就成了一件不可能的事。而要想改变这种情况，代表们首先需要意识到自己内心潜藏意志的存在，然后将其与自己做出的承诺相妥协。

在第9章里我们介绍了有效兑现承诺的四个关键，为了避免大家忘记，我们重新把它们列在下面：

（1）实现目标的强烈欲望。

（2）清晰的策划。

（3）计算所需要的代价。

（4）严格执行承诺而不要感情用事。

现在，让我们将这四个关键内容付诸实践吧。

承诺训练

在接下来的训练中，我们将要求你建立一个完成周期为12周的承诺。

下面是一个12周承诺工作表，附上一些你可以遵循的步骤。

（1）首先，在以下的分类表中选择几个能真正帮助你突破自我的承诺，它们包括精神方面的承诺、伴

侣关系方面的承诺、对家庭的承诺、对社区的承诺、
身体健康方面的承诺、私生活或职业生涯方面的承诺。
把你选择的承诺写在"目标陈述"（见图19.2）一栏中。
务必要以一种积极的态度表达自己的承诺，并且表述
越具体越好，这样才方便日后检验。举个例子，我希
望减到185磅并使体脂降到10%。

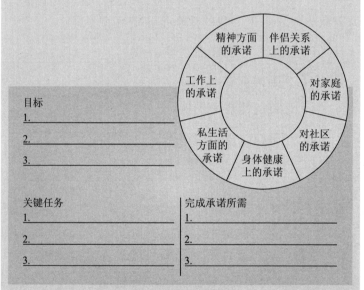

**图19.2　对自己的承诺将有力地帮助你在每一个"以12周"中改变
你的生活**

（2）接下来请明确兑现上述承诺所需要完成的关
键任务。所谓关键任务，并不是你要执行的唯一任务，

而只是一个最重要的任务。按道理说，你应该每天或是每周有规律地完成这项任务。请在"关键任务"一栏中给你的每个承诺都规定一项任务。

再以我的塑形计划为例，有许多方法可以帮助我减重或是塑形，而其中最基础的两项就是合理饮食和规律运动。在这两项计划范围内仍有许多的饮食和运动习惯供我选择。因此，我必须选出一件对我的计划最有利的方法并完成它所要求的任务。不出所料的话，这个任务还会促使我积极地寻找其他的减肥办法。

就我个人而言，如果一周花更多的时间去运动，我的饮食习惯也会自然地变好。可见，执行关键任务收到了应有的成效。

这是很关键的一步，因为你不仅要投身于你的承诺，更要投身于关键任务！

（3）接下来，计算出你每周执行这些任务所需要的代价，把它们写到"完成承诺所需的代价"那一栏上。与承诺相矛盾的潜在意志正是以代价的形式出现的。例如，每天都运动所需要的代价可能是没时间看电视或打高尔夫球，没有时间去社交或者陪伴家人，睡得更少，身体更累（还得坚持运动）；节食所需要的代价可能是放弃一些钟爱的食物，减少外出就餐的次数，吃的份量更少。

（4）最后，把上述可能需要的代价考虑进去后，就圈出你要执行的关键任务。它们也是接下来"用12周完成12月的工作"计划中所要达成的承诺的一部分！你需要把这些任务写进你的12周计划，并且每周坚持执行。

3. 对他人的承诺

我想探讨的第二种承诺类型就是对他人的承诺。首先，让我们来看看如何更有效地履行对别人的诺言。请花几分钟时间回答下列问题：

- 试着回想某一次别人对你许下重要的承诺，却没有信守诺言的情况，当时你的感受如何？
- 再回想某一次你对别人做出了承诺却没有信守诺言，当时他们的感受如何？你又有怎样的感觉？
- 不能信守诺言对契约双方及二者间的关系会造成何种影响？
- 当我们要求研讨会成员告知我们不守诺言的后果时，他们给出的回答如下：

- 丧失正义感；

- 失去别人的信任；

- 不再信任对方；

- 关系破裂。

上述表格虽短，却让人深受震动。可见，不守诺言将会使承诺双方的关系破裂，并且导致你的自我挫败感。

许多人际关系的痛苦都来自不守诺言，无论这个诺言是公开讲出来的还是双方默认的。公开的诺言是口头允诺的，默认的诺言则是心照不宣的。一些常见的默认的承诺如下：

■ 父母应该保护孩子免受伤害。

■ 伴侣应该关心爱护彼此。

■ 领导应该富有远见且办事公道。

■ 领导应该提供培训和发展空间。

有一点我们必须意识到，那就是我们都对别人负有一些默认的承诺。那么，你在职业生涯或个人生活中会负有哪些默认的承诺呢？你又是如何兑现这些承诺的？兑现承诺的方法是否还可以改进？

正如制定和兑现对自己的承诺需要遵循一定的步骤，兑现对他人的承诺也需要遵循某些关键的步骤。

- **下决心信守承诺**。如果你是一个出尔反尔的人，就很难兑现许下的承诺。如果你明白毁约会造成的关系不和，或者反之，你明白信守诺言的好处，从而重视自己许下的诺言，那么，你就在很大程度上拥有兑现诺言的能力。

- **考虑代价**。同制订个人计划一样，在对别人做出承诺前也需要认真考虑你将为此付出的代价，尽管有时候你可能会觉得很难停下来思考这些问题。但如果你做出了某项承诺，不久后却发现自己没有能力或不愿意完成这项任务，那么请在你需要兑现承诺的日期之前尽快与对方沟通协商。

- **用行动说话**。正如兑现个人承诺一样，有时你也会感到筋疲力尽，不想再继续下去。这时候你就需要有意识地遵守自己的诺言，而不是感情用事。

4. 转变思维方式

为了使自己信守诺言，你需要一些关键的理念来改造你的思维模式。第一个理念是：学会拒绝。你要明白，与做出承诺后违约相比，对方宁愿你事先拒绝。但有时为了不让对方失望，你也许不愿意直接拒绝他们，因为他们就在你面前，而你也许有机会帮助他们，这就是为什么答应别人的请求比拒绝提供帮助要容易得多。虽然直接拒绝可能会造成尴尬，但是从长远角度来看，拒绝比答应要好。否则，当你盲目接受别人的请求后，可能会无法兑现自己的诺言。因此，这时候拒绝绝非一件坏事。

信守诺言需要你牺牲一些自己的利益，也需要你学会拒绝的艺术。与此同时，你还要学会平衡长远的收获与眼前的不便。延期享受是一种有效的思维模式，也许大部分人并不喜欢这么做，但它却是你实现目标的最佳途径。这也是为什么，有效兑现承诺的第一步就是拥有信守诺言的强烈愿望，在这种愿望的驱使下，你会追求让人满意的结果而不是一个轻松愉悦的过程。

做出了承诺，你就要认真对待与该诺言有关的一切事情，内心深处也要放弃给自己留后路的念头。吉姆·柯林斯曾为《速成公司》写过一篇名为《一个攀岩运动者的领导课》的文章，在文章中他提到了与失败相对的"出局"的概念。吉姆用攀岩运动者的例子解释了这一概念，以下是部分文章摘录：

　　失败和出局，它们的区别看似微不足道，其实对你的事业有着决定性的作用。出局之后，你仍然没有放弃原来的计划，这只是一次暂时的跌倒；失败却意味着放弃。承认出局意味着接下来你将付出100%的努力继续向上攀登——哪怕成功的概率还不及20%、10%甚至5%，你也会毫不保留地动用自身一切的精神和物质资源继续努力。出局时你从不为自己找借口放弃，如"好吧，我还没有拼尽全力……我本应付出更大的努力的"这类妥协的想法。出局思维意味着无论有多少恐惧、煎熬、痛苦或是未知性，你总是在为目标拼尽全力。在外人看来，失败和出局没什么两样（打个比方，如同你像飞鸟一般在天空划出同样的痕迹），然而，出局者的心路历程同失败者完全不一样。

　　只有选择出局思维而非失败思维，你才能真正挑战自我的极限。

　　承诺的定义就要求你承认暂时的出局，而非接受失败。请从现在开始树立这样一种思维方式：过程比结果更重要。你无法决定结果，但可以掌控过程。不要害怕拥有宏图大志，或者担心自己中途出局——出局又怎样？

一旦你做出承诺，就别给自己留后路。

最后一条思维模式方面的建议是，明白这一点：在克服伴随挑战和一切不确定性而来的每一次恐惧和怀疑时，你收获的绝不仅仅是某次具体的成功，而是在这个过程中变得更出色的自己。要知道，当你发现自己可以许下诺言并且靠自己的能力信守承诺的时候，你将释放无限潜能并且变得更加强大！

5. 团队应用

作为一个领导者，制定和遵守承诺的能力对于维持团队中强大的凝聚力和高效的生产力来说都至关重要；相反，不守承诺则会造成承诺双方情感破裂和关系失和。

我们有位客户叫吉姆，是一家业绩出色的金融服务公司的执行总监，有一次他在与顾客的会面中感觉到一种说不出来的紧张感。因为对方不像以往那样敞开心扉，于是吉姆决定直面询问对方是否出了什么问题。对方指出，吉姆曾答应他一件事却至今没有办好。这时吉姆才意识到自己违约了。他翻阅自己的工作日志发现，的确，他曾承诺检查一个项目然后一星期内给对方发送一份回执。而与顾客对话的时候，距离他做出那项承诺已经过去了两个月，他却一直没有兑现自己的这个承诺。

我认为有趣的地方在于，那个顾客并没有催吉姆。而且，要不是吉姆有所察觉，并鼓起勇气去询问对方事情的原委，对方可能永远都不会指出吉姆违约的事实，尽管此事已经明显影响了他对吉姆的看法及两人之间的合作关系。

人无完人，但请尽可能地意识到承诺的份量并尽力去按时兑现它们。

如果你想营造一种信守诺言的企业文化，那么，首先在你的团队中以身作则吧。

6. 常见的失败陷阱及有助于成功的建议

陷阱 1：一次违约就想彻底放弃。

生活常常不尽如人意，当你无法兑现承诺时，不仅会失信于人，也会对自己失去信心。如果是这种情况，切记要有重新开始的勇气，绝不轻言放弃！

陷阱 2：无法面对挫折和阻力。

承诺不像兴趣爱好，你觉得难就可以放弃。当你在履行承诺受阻时，最好找找背后的原因是什么，直面这次挫折并且积极承担代价。只有这样，你才能提升日后兑现承诺的能力。

陷阱3：不加选择地做出的承诺。

有时我们会许下自己无法兑现的承诺。通常情况下我们做出承诺前已经预感到自己无力执行，只是为了避免短期的情感伤害，我们在本该拒绝的时候给出了肯定的回复。问题就在于，当你违约时，你与对方的关系也就遭到了损害。对方会觉得无法继续信任你。如果你是一个一诺千金的人，就不应该做出那些你无法兑现的承诺。

建议1：避免夸下海口。

承诺本是严肃的，因此也必须被严格兑现。不要去揽自己挑不动的担子。同一时间段做出2～3个自我承诺就足够了；有时，一心一意履行一个承诺更好。而对他人做承诺时，请明白，人们宁愿被你拒绝也不愿意你出尔反尔。

建议2：公开自己的承诺。

如果你做出了某项严肃的承诺，请将它告诉你信任的人们。每当你把自己的承诺告诉一个朋友或同事，你都将更加坚定自己兑现承诺的决心。

建议 3：寻找合作伙伴。

生活中有许多困难都需要朋友的帮助。因此，有条件的话，找一个能同你一起履行承诺的朋友、同事或者是家庭成员。他们的帮助和鼓励能增加你成功兑现诺言的概率，同时也使履行承诺的过程变得更为有趣。

第 20 章

第一个 12 周

本章的目的是为您接下来的 12 周提供一条经过实践检验的方法，它能让您将"用 12 周完成 12 月的工作"的概念用于我们的工作和生活中。我们编这本书的最初目的就是希望书中的内容能真正得到执行。其他的事无须考虑，让我们开始用实际行动履行这个计划吧！

通过调查能够帮助人们做出改变并坚持下去的因素，我们制订了"用 12 周完成 12 月的工作"计划，它可以增加我们完成改变的概率。我们在本章列出的方法，同时也是我们这个项目最根本的目的，就是协调上述因素来让你有效地改变自己。

在阅读本章之前，你可以先从其他章节吸收一些相关细节和概念来增进你对本章的理解。帮助你取得新的收获是我们最诚挚的愿望。当你在进行"用 12 周完成 12 月的工作"的训练的时候，请定期给我们发电子邮件，这样我们可以跟踪你的计划进展情况。

"用 12 周完成 12 月的工作"计划的目的在于帮助我们提高自身的执行力，这样我们在工作和生活中就能有最佳的表现。为了让该计划的作用发挥到最大，有几件事特别需要注意。

1. 阻碍我们的怪物

如果我们没有在追求目标的时候碰到阻力，那么我们每个人都能取得很大的成就。现实却是，这个世界往往需要我们有克服阻力的能力来完成一些出色的事。而缺乏这种能力就阻碍了许多人去成为他们能成为的最好的自己。

本书读到这一章，一定会发现许多妨碍自身做出改变的因素。实现变化过程中的情感周期标记出了随着时间变化，人们对这些阻碍做出的不同的情感反应。好消息是，一些很简单的方法能够帮助我们克服这些障碍，而首要任务就是意识到这些障碍的存在。

在我们最终到达目的地前，这些障碍就像一个个怪物一样阻挠着我们，正如六岁时晚上躲在我们床底下的怪物一样，阻碍我们执行计划的怪物在白天看上去弱小许多。下面，让我们来看看阻碍我们执行计划的最常见因素吧。

许多已出版的书都探讨了阻碍人们做出改变的因素，由奇普和丹·戴斯编写的《转变》、查尔斯·杜希格的《习惯的力量》、苏珊·杰夫斯的《直面恐惧，进行到底》是广受读者欢迎的几本。如果想更深入地了解阻碍自身做出改变的原因及解决方案，我推荐大家读一读这几本书，它们很有帮助。但如果你想尽快达成目标，就请跟随我了解一些常见的阻碍因素，同时为实现"以 12 周为一年"的计划找到一些有效的办法。

2. 短期回报的必要

如果有条件，人们往往会选择可以预见的短期回报而非一些模糊的长远好处，除非有什么原因逼他们不得不选后者。这意味着，如果一个改变得以实现的短期消耗超过了它的短期回报，那么，无论它的长期收益有多巨大，人们都不会选择做出这样的改变。

为了帮助我们改变这种只顾眼前好处而放弃长远的进步的习惯，"用 12 周完成 12 月的工作"的计划帮我们将长期计划分解成 12 个可以尽快实践的短期目标。每个短期目标都规划了我们每天应该采取的具体行动，它们共同组成了我们的长期目标的一部分。其中一项建议就是，每天至少花几分钟时间反省一下我们的长远计划。

我们一个负责销售的客户告诉我们，他实际上害怕和陌生人打交道。这对于他来说是一个很大的阻碍，因为卖出东西的第一步就是认识新客户。他告诉我们，自己克服这个威胁自己职业生涯的缺陷的办法就是，每次走进办公室和新客户打交道前，拿出自己的长期计划，把它放在驾驶盘上大声读一遍。就这样，他找回了工作的动力和他选择这个工作的初衷。

通过这个办法，每次见新客户前，他都在心里重新计算一遍短期利益和回报，然后选择为更长远的回报奋斗，而非屈从一时的心理舒适。经历了这些辗转，他最终能顺利地与新客户进行沟通。可见，长远回报的实现需要人们把计划付诸每一天的行动。

3. 大的改变及多重目标

艾米·N.道尔顿和史蒂芬·A.斯皮勒进行的一项调查发现，如果我们的计划中包含多个目标，那么提前计划的好处即使没有完全消失，也会很快减少。

这项研究表明，同时规划多个目标会强迫人们过多考虑实行计划时的阻力或是限制条件，并且为达成目标拼尽全力而放弃一些娱乐活动，这会使他们感到沮丧。乍一看这个结论挺有道理的。例如，当人们面对清理一整栋脏乱的别墅这样的大工程时，由于别墅有许多个房间，清理的内容又涵盖了大摞的衣物和脏地毯这样的零碎物件，从而导致人们无从下手，干脆放弃了打扫的念头。

同样的道理适用于本书第12章提到的**调整自己的情感周期**。当人们试图改变自己时，他们往往会经历从第一阶段乐观主义到第二阶段悲观主义的转变，这种转变是从写下一个书面计划时开始的，这个计划会让我们算清楚达成目标所需要的每一步开支。实现这个计划要消耗多长的时间将决定我们在多大程度上愿意执行这一计划。

假设我们正在同时进行以下几个计划：平衡开支，通过节食和运动来减肥，六个月内结婚，而且，最大的一个目标就是：换一份项目经理的工作！

现在再想想，在上述所有的计划之上，我们又有一个新的计划，如下周六开车从克利夫兰到芝加哥参加一个婚礼。这样，在所有的计划中，我们增加了一个新目标（参加一场婚礼）和一个新的日程（从克利夫兰到芝加哥）。按照前面的调查结论，我们应该会感到无力应对，甚至放弃所有其他计划，重新判断当下的情况并做出新计划。

然而，情况却不是这样，因为这些计划的时间是错开的：我们在开车的时候，只专注于开车这一件事，而没有同时完成一个其他计划，如设计项目、比对收支，或是健身。我们把这些计划分开来执行，在做一件事的时候不去想其他的任务。例如，开车的时候就专注于方向盘，一直开到目的地，而不会去想一个其他的旅程让自己分心，所以我们成功了。

在《转变》一书中，奇普和丹·戴斯还提到了这一现象：当我们认为完成一项重大改变所消耗的时间缩短时，我们完成任务的热情也会更加高涨。当然，任务实际上并没有变少，只是我们认为它变少了。道尔顿和斯皮勒的研究也证实了这一点。他们提到，如果认为同时完成多项计划是可能的，那么我们就有可能真正执行这些计划，而提前计划对达成多项目标的好处也就显而易见了。换言之，我们对于计划的态度决定了我们执行这些计划时的能力！

《转变》提出了两种缩短改变所需要的时间的办法：第一种，缩短一开始计划投入的时间（如花五分钟时间打扫卫生）；第二种，定一些可以短期内实现的小目标（先打扫面积较小的卫生间）。这两种办法将帮助我们改变对计划耗时的认知，从而排除畏难情绪，真正开始采取行动。

"用12周完成12月的工作"计划的目的是创造一种可衡量的成就感。实际上，我们能把这本书读到现在，也是我们的12周计划一个良好的开始和成功实现它的一部分。

通过"用12周完成12月的工作"的计划，我们将会收获显著而迅速的成功。第一周计划的第一天，我们和一群优秀的人一起，为达到生命的新高度而努力。通过完成"用12周完成12月的工作"的规定计划，我们很快提升了自己的执行力，这种能力将会使我们在接下来的生活中受益无穷。

"用12周完成12月的工作"的规划让我们在同时

拥有多重目标时也能平稳顺利地完成。当我们设置短期的目标时，通常会具体到每天或每周的行动。我们可以交替执行这些任务，将目标各个击破。在每天的小任务中我们都能感受到自身的进步，而具体到每周的计划，我们需要有策略地分配自己的时间。这样，每次我们都能只专注于一项行动或是一个目的。综合起来，"用12周完成12月的工作"的规划能帮我们打破多任务之间的壁垒，做到每天都执行一个小计划，并且一次只做一件事。

4. 旧习

习惯塑造了现在的我们。为了取得一个新的成就，如完成我们的"用12周完成12月的工作"的计划，我们需要换一种思路办事，并且勇于尝试以前没有做过的事。问题在于我们置身其中的环境促使我们采取与以往类似的行动，从而使我们被自己的旧习惯所限制而无法做出新的尝试。

在《习惯的力量》一书中，查尔斯·杜希格介绍了克服旧习的四种方法，并且提出塑造一种新的行为习惯的关键就是——计划。书面计划也被心理学家称之为"已形成的意志",即使受到现有环境的牵制,它也可以帮助我们形成一种新的习惯。由此看来,计划能够帮助我们采取一系列有意识的行为决策,从而帮助我们在旧有的环境中创造出新的成就。

"用 12 周完成 12 月的工作"的每周计划为我们提供了一系列新的任务线索及行动规划,从而帮助我们有效实现自身的改变。如果我们能坚持完成 12 周计划的每一个周目标,那么我们的最终计划一定能变成现实。

5. 受害者思维

有时,人们会认为外界的阻力不可克服,从而放弃挖掘自己的潜能。他们本可以成就一番大事,但环境限制了他们。

只要我们认为成就一番伟业的力量源于自身之外的环境因素,我们就永远无法改变自己。实际上,我们唯一能掌控的只有自己的思维和行动,对其他的事情,我们至多能够发挥一些影响。对自己负责的态度——包括规划自己的视野、目标和计划——是帮助我们成就一番伟业的唯一重要的因素。重读第 8 ～ 18 章来帮助我们回

忆如何将"负责"视为一项自主权利吧，它们可能是本
书中最为重要的章节。

6. 我们的第一个"用12周完成12月的工作"的计划

我们的第一个"用 12 周完成 12 月的工作"的计划
可能也是对我们最重要的计划。如果我们只是打算对这
个训练浅尝辄止或者试一试水，为下次计划做准备，那
么我们大概不会收到理想的效果。以下是凯西·约翰逊
分享的关于他自己的经历——从一开始的无意尝试，到
后来的全身心投入中，这期间在他身上发生了什么。

想要通过"用 12 周完成 12 月的工作"的计划取得
最好的效果，我的建议是：从一开始就全身心投入。放
下无用的自尊心，承认别人知道我们不知道的事情，并
且他们也许能帮助我们做到更好。

我第一次了解"用 12 周完成 12 月的工作"这个训
练是在今年 3 月，当时我们公司邀请该书的作者一起举
办了一个为期两天的试训。一开始我对这个计划并不买
账，对于"用 12 周完成 12 月的工作"的概念我并不重视，

因此也就没有在训练中取得多大的进步。

　　我认为自己已经了解了成功的秘诀，因此无法再从"用12周完成12月的工作"的计划中学到任何新的东西。事实证明，我的这种想法是错的。三个月过去了，到了7月，我的训练结果很不尽如人意，严重低于我对自己的预估。这时教练找到我，告诉我他可以帮我开始新一轮的"用12周完成12月的工作"的训练计划，我答应了他的提议，并且暗下决心：这一次我要全身心地投入"用12周完成12月的工作"的计划中去。

　　现在回头看，全身心地投入"用12周完成12月的工作"的训练计划意味着养成12周的行动习惯。我设定了一个对自己来说有点难的目标——每周都要建立新的商业伙伴关系——每次参会都向别人推荐自己，每周跟六位新客户进行视讯沟通。通过制定每周的目标，我坚持完成了这些计划，而且每周我都会给自己的计划完成情况打一个分数（顺便提一句，打分时可不要偏袒自己，这不利于我们真正的进步）。我跟教练一周见一次面，同时参加每周的能力评估会议来解决自己表现欠佳的问题。

　　我收获了许多改变，其中最重要的一项大概就是，我比过去更加珍惜自己的时间了。因为我认识到消耗时间存在机会成本，所以，现在，只要不是将自己的时间花在最有价值的事情上，我就认为自己是在损失金钱。

　　经过第一次完整的12周训练后，我的"用12周完成12月的工作"计划顺利地实现了。所有活动都圆满完成，效果也逐渐显现。在我的第二个"用12周完成12月的工作"计划接近尾声时，我的工作业绩超过了过去一年半的总和！在公司的年度销售人物选拔中，我在全国优秀销售代表中位列第四，并且是通过自己积累的经验完成了第一年所有的任务！上一年我的表现也不错，但还没有挤进顶尖销售代表的行列。而今年，我做到了！

　　我想告诉在座的所有人，如果我们正在考虑采取"用12周完成12月的工作"的计划，那么，不要怀疑和犹豫，全身心地投入吧！

　　凯西的故事的确振奋人心，但是并非只发生在他一人身上。"用12周完成12月的工作"的计划会以我们意想不到的速度帮助我们达成目标，关键就在于我们是否全身心地投入进去。

　　想要更有效地实现"用12周完成12月的工作"计划，我们需要更加积极主动地考虑每周乃至每天的安排，而这也正是该计划要帮助我们做的事情。12 周中的每一周都有固定的模式，它们与一年的 12 个月很相似。

第一个每周固定模式是设计（或是回忆）我们定下的蓝图。我们也许早就完成了这一步。如果还没有，我建议重新看一遍第 13 章，并勾画一个属于自己的蓝图。

定下这个蓝图后，我们的任务就是制定一个 12 周的整体目标，这个目标不仅能代表计划实现的过程，同时也是计划实现的结果。目标定好后，就该制订具体的 12 周计划了。

我们的第一个 12 周计划必须是独一无二的。最好以 4 周为单位，制订三个四周计划。

7. 我们的第一个四周计划

研究表明，当我们开始了解一个理念或培养一个习惯时，越快实践或者越频繁地重复它们，就越有可能将它们融入我们的日常行为习惯中。

要想让接下来的 12 周计划成为我们人生中的一个突破，我们就必须采取行动把自己的表现提升到一个新高度。好好利用"用 12 周完成 12 月的工作"提供给我们的理念或方法吧，这样我们就能有效地实现自己制订的计划。

　　每周花一些时间去做那些更有长远意义的项目。专注于"用 12 周完成 12 月的工作"的基本训练，尽可能快地让他们成为我们自己生活的一部分。安排好每周的具体计划，然后使以下三个步骤成为我们的新习惯：

　　（1）计划一周的内容；

　　（2）给这一周的表现打分；

　　（3）参加每周的责任感会议。

　　为了帮助我们更好地执行计划，限制完成任务的时间和确保关键步骤的实施也很重要。

　　现在就下决心全身心投入第一个四周计划中并持之以恒吧，第一个四周计划很关键。这几周的意义全在于让我们快速进入既定的目标轨道中，然后把"用 12 周完成 12 月的工作"作为一个系统的参考办法。在我们的第一个四周计划中，通过每周例行活动来实现短期的成功，并培养一些新的习惯吧。一个好的开始可以让最终目标实现的可能性变大。没有指定周计划前千万不要盲目开始这一周的行动。每周花几分钟时间来评估自己的执行情况（评分从第二周开始，因为第一周还没有任何已完成的任务供我们评估）。

参加每周的能力评估会议，并且投入进去。关注自己的得分，追踪自己的计划进展，并且对欠佳的表现做出一些反思。

8. 第二个四周计划

有些人刚开始一个新项目时热情高涨，但还没有完成之前他们就放弃了。千万不要跟他们一样！说真的，当我们开始"用12周完成12月的工作"计划之后，接下来每周的任务都会越来越轻松，因为我们已经养成了习惯。第二个四周也很值得重视，因为第一个四周的新鲜感已经消失了，而距离整个"用12周完成12月的工作"计划的终点还有很长一段路要走。在这不前不后的时间段里，我们可能体会不到多少紧迫感。

在这一阶段，我们需要为了成功实现"用12周完成12月的工作"计划而努力，同时为下一个计划做准备了。我们需要检查自己分数的长短板。每周测评应该提高到85分以上，同时我们应该有一种逐渐达成目标的进程感。如果情况不是这样，那么我们需要停下来检查问题出在哪里，并尽力解决它。是计划出问题了，还是执行力不

·

够呢？我们需要认真思考这个问题。"用 12 周完成 12
月的工作"计划是一个特别的训练系统，它会很好地锻
炼我们的能力。

9. 最后四周（以及第13周的秘密）

最后的四周在整个的"用 12 周完成 12 月的工作"
的计划中应该是一个强有力的收尾。无论此时我们有没有
达成整个的 12 周计划，此时全力以赴就会给我们带来一
个好的结果，同时也能帮助我们为下一个 12 周计划做准
备。此时我们已经完成了大部分人无法完成的任务——主
动地改变自己的思维和行动模式，使自身表现和能力达到
一个质的飞跃。

在第一个 12 周，我们应该有两个基本目标：第一个
是达成我们的 12 周计划；第二个目标也是更重要的目标，
就是学会有效地使用"用 12 周完成 12 月的工作"计划
的系统方法，让它成为我们的个人经验。注意辨别什么
经验对我们是有效的，什么经验是无效的，并且把学到
的东西运用到下一个 12 周计划中。

第 13 周的任务也是如此。要想完成目标，我们必须

多花这一周的时间。这一周时间里我们需要对自己过去
12 周的表现做一个评估，同时考虑下一个 12 周应该如
何改进自己的表现。最后，在第 13 周我们应该庆祝自己
取得的进步和成就。

10. 成功小贴士

在第一个 12 周，每个关键的时间节点我们都会给参
加训练的成员发送电子邮件指导他们的行动。现在我们
把这些邮件收集起来，便于我们在第一个 12 周的训练中
随时查看并且规范自己的行为。把这一部分做个标记，
这样我们就可以随时回来翻看并寻找灵感。我们也可以
访问我们的网站：www.12weekyear.com，注册之后就可
以随时浏览每周的成功小贴士了。

第二周的指导

恭喜通过"用 12 周完成 12 月的工作"计划系统
我们完成了第一周的任务！如果我们还没有给上周的
表现打分，请花几分钟时间打个分，并且为下一周计划
做准备。完成这些任务后，请不假思索地回答以下问题：

- 我们打了多少分？

- 我们取得了哪些成果？

- 我们还可以如何更有效地完成任务？

第一周的分数并没有那么重要。重要的是我们每周都能挑出时间给自己上周的表现打分，并且为下周计划做准备。我们已经下决心要有所进步，同时也花时间好好规划了未来，并且制订了计划帮助自己实现目标，现在，正是我们好好执行这个计划的时候。

强有力的执行应该贯彻到每一周甚至每一天。达成 12 周计划目标的关键就是持之以恒地运用这个系统。经过一段时间的训练，我们会发现自己的分数在逐渐提升。分数上的进步是我们效率提高的表现。

请牢记一点：我们无须做到完美！只要坚持不懈地完成计划就好！祝我们拥有灿烂的一周！

"在我看来，除了毅力，没有其他取得成功的必要品质。毅力能帮助我们克服一切困难，甚至我们天赋上的不足。"

——约翰 D. 洛克菲勒

第三周的指导

欢迎进入 12 周计划的第三周训练！无论我们的

12周计划进展到什么阶段，都不要太担心自己的分数，哪怕我们没有完成某一周的计划和打分表也没关系。决定性的时刻正是现在。

执行任务的关键就是持之以恒地运用"用12周完成12月的工作"计划系统。

投身到我们的目标和计划中，并且从今天开始采取新的举措。如果我们还没写好12周的整体计划，请在今天之内完成这件事。如果我们还没有完成上周的计划或是没有为自己的一周表现测评，那么请务必在本周内完成这些任务。

如果我们已经成功地完成了所有任务，那么，干得好！在"用12周完成12月的工作"计划的前几周，最重要的事情就是投入。一旦我们熟悉了每周以至每天的例行任务，我们就该开始考虑如何提升自己的表现并得到一个更好的测评分数。

无论计划进展到哪一阶段，我们都需要投入时间规划我们的未来，并制订计划来完成相应的目标。而现在我们要做的则是执行我们的计划。

第五周的指导

欢迎进入第五周的训练！上一周我们的测评分数

如何？我们的 12 周目标计划还进行在正轨上吗？

　　距离"用 12 周完成 12 月的工作"计划完成还有七周的时间，这七周可能会带来让人惊喜的改变。"用 12 周完成 12 月的工作"计划的时间跨度并不长，而第五周对我们来说同样至关重要！强有力的执行应该贯彻到每一周甚至每一天。由于只剩下七周的时间了，从现在开始我们的测评分数不应该在 85 分以下了。

　　每一周的分数都很重要。虽然在分数低于 85 分的情况下，我们也可以取得一些重大的成就，但我们一定落下了一些东西。在"出色"和"还不错"之间有一条明显的分界线，那就是 85 分，并且二者之间的差距会一周一周地累积。

　　"用 12 周完成 12 月的工作"计划现在已经进行了五周。如果过去的几周中我们每一周的测评分数都达到甚至高于 85 分，会有什么不同吗？想想我们现在的能力会达到怎样的水平。五周时间能有如此大的改变，这不是很神奇吗？连续五周达到 85 分以上一定能改变最后的结果，**甚至能改变我们的人生！**

　　再想想在连续三个、四个或是五个"用 12 周完成 12 月的工作"计划中测评分数都达到 85 分以上会给我们带来怎样的改变吧！

争取本周的测评分数达到 85 分吧！

第八周的指导

已经到第八周了！"用 12 周完成 12 月的工作"计划进展得多么快啊。有趣的事情是，在 12 周计划中的每一周，我们都可能会碰到我们称为"生产力焦虑"的情况。

在"用 12 周完成 12 月的工作"的训练中，有一根专门判断我们的表现是否欠佳的"瞄准线"，它存在于我们开始运用"用 12 周完成 12 月的工作"计划之前，但不易察觉。"生产力焦虑"是一种让人不适的情绪，当我们无法做自己该做的事情时，就会有这种焦虑。

当我们有"生产力焦虑"时，常常会试图解决它。解决的出路通常有两条。一条是，放弃"用 12 周完成 12 月的工作"计划的训练。如果我们选择这条出路，我们就放弃了收获发挥失常后可能得到的经验教训。这属于典型的消极抵抗——仅仅是推迟下一个周计划和周测评执行的时间，告诉自己下一次再去做，而"下一次"永远不会到来。

另一种解决办法是把"生产力焦虑"转换为促进自身改变的催化剂。在面对困难时不要退缩，而应该将这种焦虑感转化为努力改进自身的动力。

"生产力焦虑"正是我们应该期待的一种体验，它是促成我们转变的向导。

如果我们把退缩排除在我们的选项之外，那么"生产力焦虑"给我们带来的不适正应该帮助我们制定解决的策略并采取行动。如果退缩不是一种选择的话，那么解决这种焦虑和不适的唯一办法就是执行我们的计划。

学会平衡自己的"生产力焦虑"以寻求更有效的执行方法和更出色的成果吧。现在就行动起来！

第11周的指导

欢迎进入第11周的训练。还有一周时间，我们的"用12周完成12月的工作"计划就要结束了。这一年我们过得怎么样？我们能完成"用12周完成12月的工作"计划的目标吗？我们严格执行了自己的计划吗？

请牢记一点：思维决定行动，并决定我们最后的结果。我们觉得现在我们还剩很多的时间来完成计划吗？还是我们正专注于这一年的最后几天？

在《从不错到出色》一书中，作者吉姆·柯林斯为一个曾连续两年赢得全国冠军的高中田径队做了传略。这支队伍从全国前20强晋升为各大比赛的强劲选手，最终赢得全国冠军。"我不明白"，一个教练说，"为什么我们这支队伍如此优秀？与其他队伍相比，我们的训练强度并没有更大。我们做的事情很简单。为什么我们能赢？"

答案也许会让我们大吃一惊。这支队伍如此成功的原因正在于他们能坚持到底。"每次训练结束时我们都跑得最好，比赛快结束时我们跑得最快，每个赛季末我们的表现往往也最佳。"

"用12周完成12月的工作"计划就是告诉我们如何坚持到底。现在已经到季末了，我们这次的12周计划还剩不到两周，实现最终目标的时间也不足两周了。

集中精力，将我们的这一个"用12周完成12月的工作"计划坚持到底吧。不要把事情推到下一周、下个月。想想我们这一周能做什么？这一天能做什么！

下决心坚持到底：

把12周的计划坚持到底！

把这一周的计划坚持到底！

把今天的任务坚持到底！

成为一个出色的人！

11. 团队努力

　　作为公司经理，如果我们想要成功地将"用 12 周完成 12 月的工作"计划运用到我们的团队中，那么，第一个 12 周至关重要。整个团队都仰仗我们来计划接下来的努力方向和下个月的工作趋势。

　　我们能做到的一件事是：无论针对自己，还是针对整个团队，都要尽早和经常性地验收成果。每周都给自己和团队营造一种积极向上和充满斗志的氛围，并且及时确认过程中出现的变化。我们无法决定结果，那么，就把注意力放在过程上。

　　在第一周就要检查我们所直接领导的手下的 12 周计划报告，合适的话，给他提一些改进的意见，同时要确保他对于这个计划有把握。别让我们的队员为一个糟糕的计划找借口，尤其是在"用 12 周完成 12 月的工作"计划的训练中。

　　尽量参加每周的能力评估会议。保持昂扬的斗志！与会的时候带上我们的本周计划和上周的测评表，方便在讨论时举例。

确保至少每三周验收一遍个人和团队的进展成果。看看他们的总计划、周计划、平均测评分数、擅长和不擅长的方面。老话说得好，没有调查，就没有发言权。

12. 回顾与反思

一个领导者该有的品质总是追求更好，并且要求自己的团队也能做得更好。在第一个"用 12 周完成 12 月的工作"计划的末尾进行一些事后回顾与反思，并在接下来的几年中采取同样的行动，是帮助我们自己和团队不断学习进步的有效办法。花时间思考一下过去一年的计划中最有用的经验是什么，而在下一年的计划中如何进一步提高自己的效率。确保自己在每一个"用 12 周完成 12 月的工作"计划的末尾都进行了有力的反思和回顾。

第 21 章

最后的建议及第 13 周要做的事情

　　在每一个"用12周完成12月的工作"计划的末尾，还有一个第13周。第13周提供了一个机会，让你验收之前12周计划的成果，并且帮你做好准备，投入下一个"用12周完成12月的工作"的计划中，去追寻崭新的目标。

　　本章介绍的，就是《超高效时间管理：用12周完成12月的工作》这本书多出来的第13周的内容。

　　"用12周完成12月的工作"计划是一个系统，它能帮助你通过有效地执行计划以取得更好的表现。我们希望你已经意识到，"用12周完成12月的工作"计划是一个完整的系统，当你在生活的任何方面想取得长足进步时，它可以提供你所需要的一切办法，前提是你能够全身心地投入这个计划。

"用 12 周完成 12 月的工作"计划只有付诸实践才能产生效果。

成百上千的客户采用了这个训练系统，执行了他们的计划，并取得了显著的成效。我们真诚地希望你能通过"用 12 周完成 12 月的工作"计划给你带来的帮助去实现自己的远大抱负。

"用 12 周完成 12 月的工作"计划不仅提供了一个训练系统，还为你提供了一个社交群体。我们的目标是尽可能地影响到更多的人。我们也希望能把你介绍给许多已经成功实践了这一计划的人，也鼓励你到脸书和领英等社交平台上与我们取得联系，加入这个上千人的社群中来，在这里大家都通过"用 12 周完成 12 月的工作"计划更快地实现了他们的目标，同时提高了他们的生活品质。想要获取更多资源，同时与我们"用 12 周完成 12 月的工作"计划的爱好者们取得联系，敬请访问www.12weekyear.com 网站，并加入我们的大家庭中来吧。

感谢你购买并阅读本书。如果你认同了这些理念，并将它们植根于你的生活，那么，我们相信，这将是你运用自己的时间和金钱做出的一次最有价值的投资。如果"用 12 周完成 12 月的工作"的计划确实给你的生活带来了改变，请把这种改变分享给你的同事或朋友，在当地设立一个分会，或者成为一名专业的培训师。

托马斯·爱迪生曾经说：如果我们做了自己力所能及的事，我们的成就往往会使自己感到震惊。相信自己，你能够成就一番伟业！就是现在！你已经具备了成就伟业的所有条件。别再等待时机了，就从现在开始行动吧。只需要很短的时间，你的思维和行为模式就能产生很大的变化，并且，这种变化和随之而来的收获会让你感到惊讶。在本书最开头的部分我提到了一个观点，即我们大部分人都拥有二重生活——我们现在拥有的生活和我们能够拥有的生活。千万不要在你还没有拼尽全力时就对生活的现状感到满意！

我们很乐意听到你的"用 12 周完成 12 月的工作"的计划进展情况。来给我们发电子邮件吧！

加油！

布莱恩和迈克

参 考 文 献

Cassara, Lou. *From Selling to Serving: The Essence of Client Creation.* Chicago: Dearborn Trade Publishing, 2004.

Collins, Jim. *Good to Great: Why Some Companies Make the Leap . . . and Others Don't.* New York: HarperCollins, 2001.

Collins, Jim. "Leadership Lessons of a Rock Climber." *Fast Company*, December 2003.

Dalton, Amy N., and Stephen A. Spiller. "Too Much of a Good Thing: The Benefits of Implementation Intentions Depend on the Number of Goals." *Journal of Consumer Research* 39 (October 2012).

Deutschman, Alan. "Change or Die." *Fast Company*, May 1, 2005.

Duhigg, Charles. *The Power of Habit: Why We Do What We Do in Life and Business*. New York: Random House, 2012.

Heath, Chip, and Dan Heath. *Switch: How to Change Things When Change Is Hard*. New York: Broadway Books, 2010.

Jeffers, Susan. *Feel the Fear and Do It Anyway*. New York: Random House, 1987.

Kelley, Don, and Daryl R. Connor. "The Emotional Cycle of Change," in *The 1979 Annual Handbook for Group Facilitators*, edited by John E. Jones and J. William Pfeiffer. New York: John Wiley & Sons, 1979.

Koestenbaum, Peter, and Peter Block. *Freedom and Accountability at Work: Applying Philosophic Insight to the Real World*. San Francisco: Jossey-Bass, 2001.

Lohr, Steve. "Slow Down, Brave Multitasker, and Don't Read This in Traffic." *New York Times*, March 25, 2007.

Malachowski, Dan. "Wasted Time at Work Still Costing Companies Billions," June 2005, www.salary.com/wasted-time-at-work-still-costing-companies-billions-in-2006/.

Moran, Brian. "Performance change with pre-task planning applied prior to task execution." Study conducted in 1989 by Senn-

Delaney Management Consultants. Results not published.

Pressfield, Steven. *The War of Art: Break Through the Blocks and Win Your Inner Creative Battles*. New York: Black Irish Entertainment, 2002.

U.S. Bureau of Labor Statistics. "American Time Use Survey," 2011.